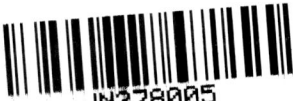

煮方が見える

煮ものの極意

柳原一成 著

高橋書店

煮方が見える

煮ものの極意

目次

1章 春、夏、秋、冬 旬の煮もの

春においしい煮もの

夏においしい煮もの

秋においしい煮もの

冬においしい煮もの

お正月の煮もの

2章 いつでも旬の煮もの

豆腐や加工品の煮もの

乾物の煮もの

乾燥豆の煮もの

●本書で使用している計量カップは200ml、計量スプーンは大さじ15ml、小さじ5mlです。いずれも「すりきり」で計ります。

はじめに

煮ものをおいしく作るポイントは、材料の下ごしらえ、材料と調味料の割合、水加減や火加減、煮る時間などがあげられます。なんといっても煮ものの面白さは、調味料の配合が同じでも、火加減や煮つめ具合で、でき上がりのおいしさが違ってくることです。くり返し作る経験やとり組む気合いがモノをいいます。

そこで、それぞれの煮ものの、特に「煮方」に力点を置き、文章だけではわかりにくい鍋の中の様子や煮え具合を、臨場感のある写真を添えて解説することにしました。煮始めと煮上がりの水分量の差、鍋の中の煮立ち具合などを参考にしてください。きっと、ご自身との作り方の違いやおいしさのツボが、目に飛び込むことと思います。材料の特徴に合った煮方を知って「煮もの上手」になって下さい。

和の煮ものは、季節感抜きには語れません。1章では、旬の素

材を中心に、春夏秋冬それぞれにおいしい煮ものを紹介。2章では、いつでも手に入る豆腐や乾物、乾燥豆などを使った、おふくろの味ともいえる、しみじみとおいしい煮ものです。

本書が和の煮ものの新しいハンドブックになることと思います。

柳原一成

煮ものの基本

鍋と落としぶた

これから1つ用意したいと思うなら、和の煮ものには、熱伝導のよい軽くて丈夫なアルミの打ち出し鍋を

道具は使いなれることが最も大切です。鍋のクセも熟知しているほど使いなれたものがあれば、それに勝るものはありません。ぜひそれをお使いください。

これから1つ用意したいと思っている方には、扱いやすさと、熱にむらがなく失敗が少ないという理由で、厚手のアルミ製の打ち出し鍋＝行平鍋をおすすめします。プロも好むロングセラーの鍋で、まさに和食のための鍋といえます。

打ち出し鍋は、軽くて扱いやすく、毎日使うのに便利です。一般のアルミ鍋も軽くて扱いやすく、熱の通りが早いので、湯を沸かしたり、野菜をゆでたりするには便利です。ただ、アルミが薄くて火の当たりがストレート。焦げつきやすいのです。その弱点をカバーしているのが厚手の打ち出し鍋というわけです。アルミを打つ（叩く）ことで、生地がより緻密になり、丈夫になります。アルミの熱伝導のよさはそのままに、厚手の分、1か所だけが熱くなることもなく、熱にむらがありません。急激に冷める心配もないというわけです。

行平鍋といってもメーカーによって、あるいは手打ちか機械打ちかで仕上げや価格も違います。本書は3㎜厚さの機械打ちを使用しています。あまり薄いアルミの打ち出し鍋では、効果的ではありません。4人分の煮ものには、口径21㎝が使いやすいでしょう。18㎝、24㎝も併せて持てば、たいがいの料理に対応できます。

行平鍋には外ぶたがない。落としぶたが必需品。煮汁を対流させたり、浮き上がろうとする材料を押さえたりと役目は大きい

落としぶたは、鍋本体のふた（外ぶた、かぶせぶた、本ぶたなど呼ぶ）とは別に、中の材料に直接のせるふたのこと。鍋の中の空間を少なくして熱効率をよくします。さらに煮立てた煮汁が落としぶたに当たると、上からも煮汁がかかり、材料はいつも煮汁の中にある状態ができるのです。また、材料が踊らないように上から押さえる役目もあります。木ぶたが一般的ですが、ステンレス製や樹脂製も。陶器の平皿やアルミ箔で代用も可能ですが、毎日使うものだけに鍋に合わせて1つ2つ用意したいものです。鍋より一回り小さいものを選びます。使うときは、必ずぬらしてから使うことを習慣づけます。使い終わったら、たわしでよく洗い、風通しのよい所で干します。

料理によっては「紙ぶた」「ふきんぶた」も使います。「紙ぶた」は、和紙、クッキングペーパー、硫酸紙などを、煮る材料に密着させてかぶせ、ふたの役目をさせます。みつ煮のように、少ない煮汁で煮含めたいが、鍋返しができないときに有効です。和紙を密着させることで、材料の表面にも煮汁がゆきわたり、むらなく味つけができます。

「ふきんぶた」は冬瓜の含め煮で使います。絞ったさらしのふきんを表面にかぶせます。

布は煮汁の吸い上げがよく、材料を包み込むようにたっぷりぬらすことができます。材料が空気に触れないので、色よく火を通すことができます。

口径18㎝、21㎝、24㎝の厚手アルミ製の打ち出し鍋。18㎝のものは小鍋としてたれやあんを作るのにも便利。24㎝の鍋は青菜やたけのこをゆでたり、たっぷりだしを取るときなどにも活躍する。使い終わったら、タワシとクレンザーでゴシゴシ洗えばよい。木製の落としぶたは鍋より一回り小さいものを。右は紙ぶた用の和紙。

一尾づけの煮魚には、魚が姿のまま並ぶ広口の平鍋が便利。写真はアルミ製。火の当たりを穏やかにするために竹の皮を敷くこともある。魚の皮が鍋肌に直接つかないので、皮がはがれずきれいに煮上がる。

火加減と煮方

煮ものの基本

火加減は煮ものの味を決める！鍋の中の状態を見ながら適正な火加減に調節する

「火加減上手は煮もの上手」といわれるほど、煮ものは火加減が大切なポイントです。

いくら調味料の配合を適正にしても、煮方や煮つめ加減で、おいしさはまるで変わってしまいます。火加減は、鍋の中の様子を見ながら調節します。鍋の中は刻々と変わっていますので、コンロから離れることなく調理してください。例えば、中火でフツフツと煮続けたい煮ものも、煮汁が減り、濃度がついてくると、同じ火加減ではグラグラと煮立ってしまいます。そんなときは、火を少し弱めて煮立ちを静め、フツフツの状態に戻すことが必要なのです。これこそが火加減で、むずかしい点でもあります。

個々の料理においてはレシピの中で細かく説明していますので参考にしてください。強火、中火、弱火、ごく弱火を使い分けています。近頃のガスコンロは熱量の幅も大きく、強火よりもさらに強い火加減を作ることができます。従来の標準バーナーに加え、ハイカロリーバーナーを備えたガスコンロが増えています。ある機種では4000kcal/hから330kcal/hまでを使い分けることができます。

最近は、ガスとは熱源の異なる電磁調理器具やハロゲンヒーターのコンロも増えています。自動温度設定や自動停止装置などの機能がついていたり、専用の鍋が必要だったりと特殊性もあります。本書では、ガスコンロを使って調理していますので、ガス以外の熱源の場合はご注意ください。

材料に火が通るということと、味がしみるということとは違う。火を通したあとにもコツがある

火加減が強すぎるとどんな問題が起こるでしょうか。鍋の中で材料が踊るので、煮くずれたり、煮汁が濁ったりします。さらに味がしみ込まないうちに煮つまってしまいます。逆に弱すぎる場合は、材料から必要以上に水分が出てしまい、持ち味がなくなります。また、中まで熱が通らないので味がしみないという問題が起きます。

さらに、火が通るということと、味がしみるということとは別なので、火を通したあとの一呼吸、煮汁につける時間なども大切になってきます。火を通したあとも、完成までにはコツがあるということです。

本書では「小煮立ち」という言葉がよく出てきます。沸騰する前の、だし汁や煮汁が静かに揺れて、小さな泡がフツフツ上がってくるぐらいの沸き加減のことで、材料を入れたり、火を止めるタイミングを見るときに使っています。沸騰してからでは、強すぎる、遅すぎる場合もあるのです。

火加減

強火

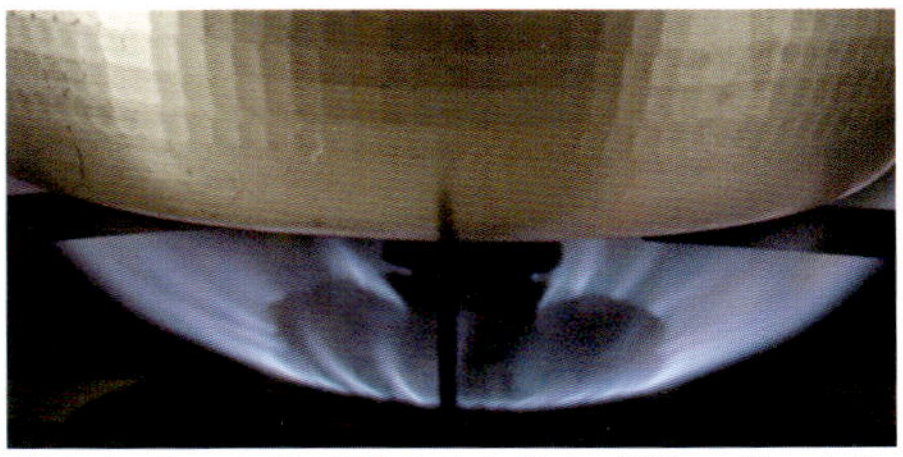

鍋底をガスの炎が舐めるような感じ。ガスを全開にした場合。

中火

鍋底の中心にガスの炎の先がしっかり当たる最もよく使う火の強さ。

弱火

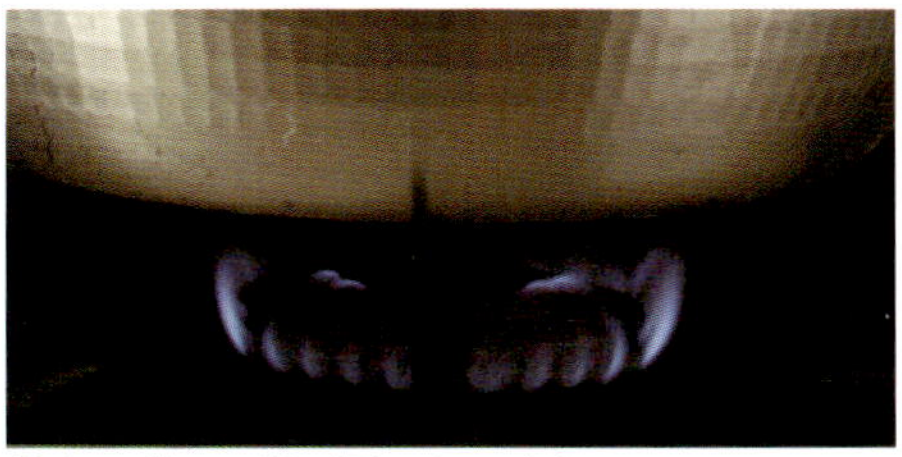

鍋底にガスの炎が届かないくらい。

ごく弱火（とろ火）

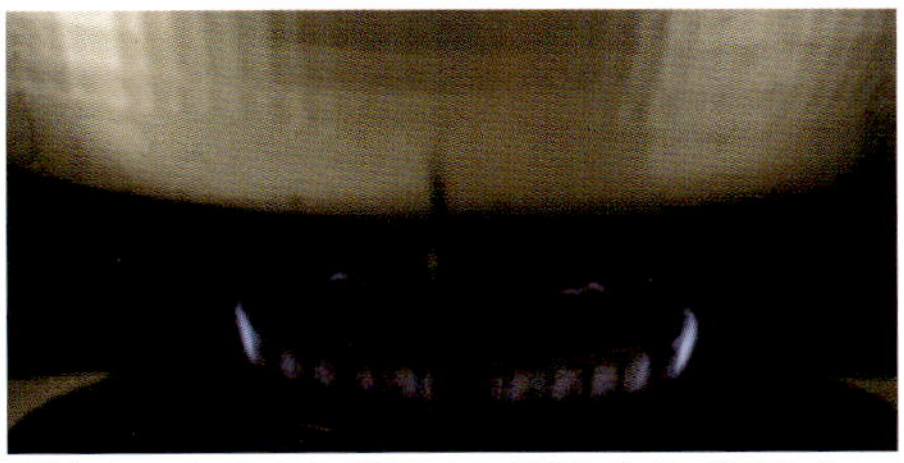

弱火よりもさらに弱い火。消えそうで消えないギリギリの状態。

煮ものの基本

だしとしょうゆ

煮もの用のだしは、昆布と削りがつおを煮立てて取る。アクが残っても、味つけの調味料でカバーできる

だしは味のベース。ことに野菜や乾物の煮ものには欠かせません。煮もの用のだしは、昆布と削りがつおを煮立てて取ります。みそ汁用のだしと共通で、繊細さが求められる吸いもののだしとは異なります。昆布や削りがつおのコクやうまみを引き出すため煮立たせる分、アクや臭みもわずかに残りますが、煮ものは、しょうゆやみそで味をつけるため、アクを感じることはありません。

材料のだし昆布は、家庭では良質な日高昆布がおすすめです。羅臼昆布や利尻昆布でなくても大丈夫です。色が黒くて肉厚で、幅がそろっている日高昆布を選びましょう。削りがつおは、薄くて幅の広いものを選びます。そのほうが、すぐにうまみが出るので、生臭くなりません。取り方の分量はグラム表記をしていますが、乾燥度で変わってきますので、「鍋の表面いっぱい」を見当にするとよいでしょう。

煮ものの中には、かつおのうまみが必要ないものもあります。さばや鮭、身欠きにしんなどは、水に昆布を浸した「水だし」を使うようにします。材料自体にうまみ成分が含まれるからです。

煮もの専用だし

材料4カップ分

(口径21cmの行平鍋を使用)

水……5カップ

だし昆布(日高昆布)……約20cm

削りがつお……15~20g

取り方

1 水に昆布を入れて中火にかける。強火では昆布のうまみが出ないうちに煮立ってしまう。

2 小煮立ちになったら火を弱め、昆布が3倍ぐらいに広がるまで煮出す。ここが吸いもののだしと違うところ。

3 削りがつおを鍋の表面いっぱいになるくらいまで入れ、小煮立ちで30秒煮出してうまみを出す。

4 ザルにさらしのふきんを広げ、鍋をあけてこす。煮立たせた分、少しアクが出ているので、ふきんは絞らない。

＊余った場合は冷蔵庫で保存すれば、1~2日は持つ。

＊だしがらは冷蔵庫でまとめて保存し、料理に使うとよい(58・67・103ページ参照)。

1

2

3

4

濃口しょうゆと淡口しょうゆを使い分けてみる。淡口は、しょうゆのうまみだけほしいときに

和の煮ものに、しょうゆは欠かせません。昔はしょうゆのことをしたじ(下地)と呼んだほどで、味つけのベースとして大切です。しょうゆは、蒸した大豆といった小麦、麹、食塩水を混ぜ、発酵させてから絞った汁で、発酵食品ならではの複雑なおいしさがあります。白しょうゆ、たまりじょうゆ、魚醤など特有なものもありますが、煮もの用に常備したいのは、濃口しょうゆと淡口しょうゆです。濃口しょうゆは、本書ではしょうゆと記載しています。淡口しょうゆは、兵庫県竜野地方が主産地で、昔から関西地方を中心に使われてきました。上品なうまみがあります。ただし、塩分は濃口しょうゆより2%ほど多いので、注意してください。

淡口しょうゆは、煮ものの色を白く、または薄い色に仕上げたいときに。色をつけたくなければ塩で、と考える方もいるでしょうが、塩は単一のうまさで、しょうゆの複雑なおいしさとは違うのです。

製法による分類には、本醸造しょうゆ、新式醸造しょうゆ、アミノ酸混合しょうゆがある。写真はいずれも、アミノ酸などの化学成分を加えていない本醸造のしょうゆ。左4本は濃口しょうゆ、右1本は淡口しょうゆ。

玉酒

煮魚などの水分調節に欠かせない水と酒。水1に酒0.3くらいの割合で合わせておく

玉酒という言葉、本書で初めて見かけたという方も多いかもしれません。水と酒を合わせたもので、玉は玉川(多摩川)の意味で、江戸の板前の世界から生まれた言葉であり、手法です。煮魚の水分調節に欠かせないもので、煮つまった煮汁に手早く加えたい、あるいは2~3回に分けて足したいときに使います。水だけ足したのでは煮汁のおいしさが半減するので、酒のコクがほしいのです。といって、酒だけたっぷりでは、不経済ですし、酒の味がききすぎるのです。

1章

春、夏、秋、冬
旬の煮もの

「和の煮もの」は、季節感を抜きにして料理は成立しません。栽培技術の向上や流通手段の発達で、いつでもほしい食材が手に入るというものの、やはり、自然の理にかなった自然のサイクルで出回る魚や野菜が一番おいしいのです。四季に恵まれ、山海の幸の豊富な国ですから、自然の力を大いに活用しましょう。

素材の声を聞いて素材を生かそうと思うと、煮るという調理法自体にも季節感が表れます。春や夏は、野菜の緑を生かすさっぱりとした煮もの、秋や冬はこっくり煮込んだもの、体の温まる椀もの風などです。季節をはずしては、本当のおいしさが味わえない素材も多いので、どうぞ旬をつかまえて挑戦してみてください。

春においしい煮もの

若竹煮

たけのことわかめは出合いのもの。
たけのこの季節には、新採りの柔らかいわかめが出回ります。
さらに欠かせないのが天盛りの木の芽。素材の味を引き立てます。
若竹煮をおいしく作る極意はひとつ、薄味に仕上げること。
それにはまず、だしの味をたっぷり含ませることが肝心です。

材料4人分
（口径21cmの行平鍋を使用）
たけのこ（ゆでたもの）……350g
わかめ（もどしたもの）……100g
煮汁
- だし汁……2カップ
- 砂糖……大さじ2
- 淡口しょうゆ……小さじ2
- 塩……小さじ$\frac{1}{4}$
- 酒……大さじ1

●木の芽

下ごしらえ

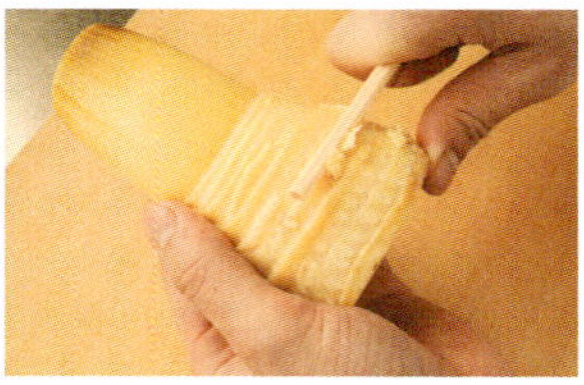

1 たけのこは根元の周囲を割り箸でしごいてきれいにし、穂先はくし形に切り、根元の部分は1cm厚さのいちょう形、または半月形に切り、熱湯にくぐらせる。

2 わかめは筋を除き、食べやすい大きさに切り、熱湯にくぐらせる。

たけのこ
桜前線に似て旬は九州地方より北上する。孟宗竹が一般的だが、地域や時期によっては淡竹、真竹、根曲がり竹なども出回る。土から掘り上げて時間が経つほど、えぐみやアクが強くなる。アクを抜くために米ぬかでゆでる。＊ゆで方は107ページ参照。

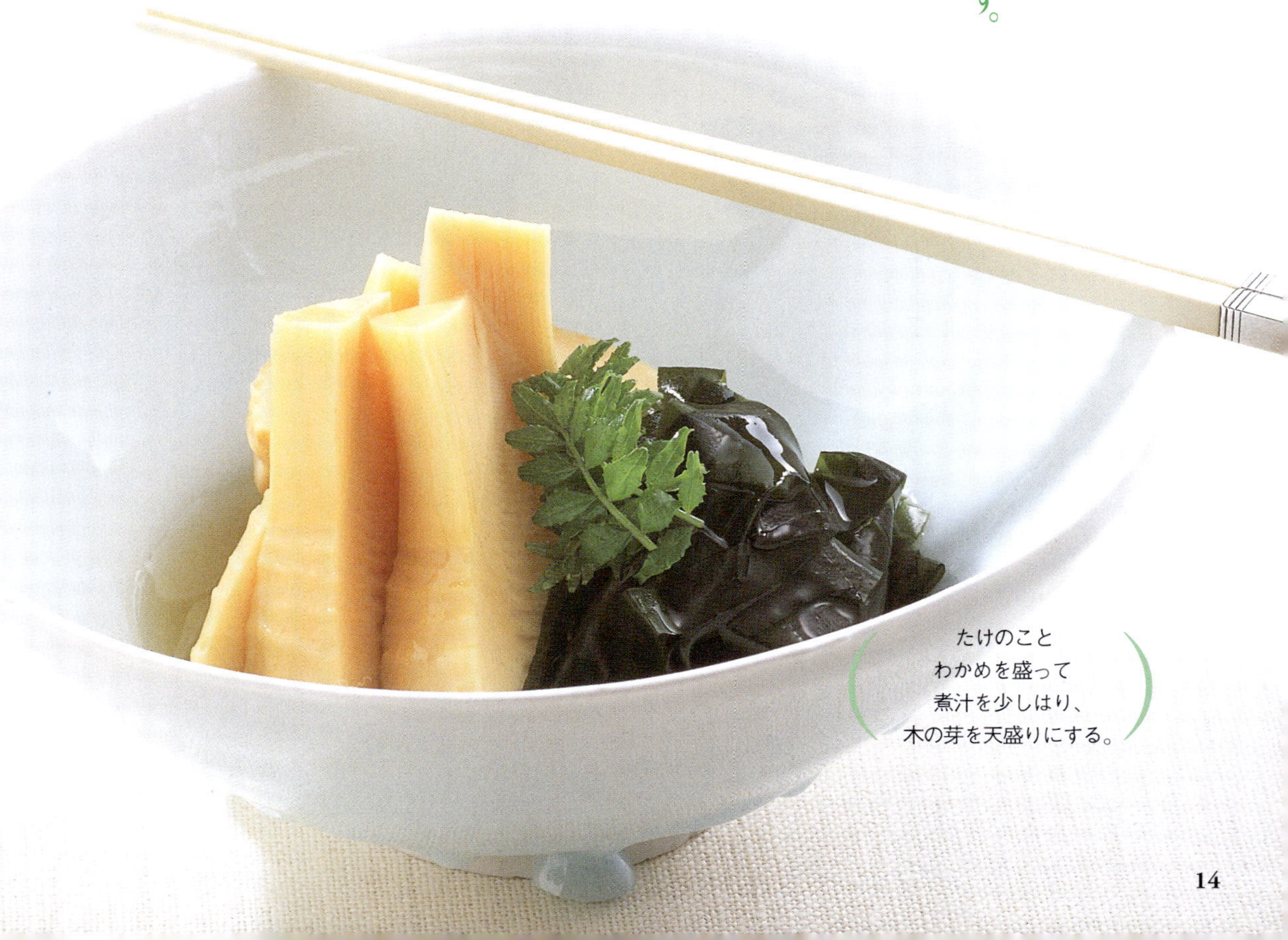

たけのことわかめを盛って
煮汁を少しはり、
木の芽を天盛りにする。

1

たけのことだし汁が同じ温度になるまで温めることが大切

鍋にたけのこと煮汁のだし汁を入れて中火にかけ、小煮立ちになったら弱火で３分ほど煮る。だしのおいしさを含ませると同時に、たけのことだし汁を同温にすることで調味料が入りやすくなる。

2

調味料は砂糖から。甘みをつけてからしょうゆを加える

砂糖を加えて３〜４分煮、甘みを含んだところで淡口しょうゆ、塩、酒を入れる。しょうゆを加えてからでは甘みが含みにくいので、砂糖を加えてから少し時間をずらしてしょうゆを入れる。

3

落としぶたをすると煮汁が全体に回り均一に火が通る

落としぶたをし、中火と弱火で火加減して12〜13分煮含める。落としぶたに煮汁が当たることで対流し、均一に火が通るので、様子を見て、中火と弱火を使い分ける。煮汁が少々減り、たけのこが顔を出すようになる。

4

わかめはさっと煮るだけ。色よく仕上げたい

たけのこをちょっと食べてみて、味がきちんと含んでいたらわかめを入れ、２〜３分煮て火を止める。わかめは煮すぎると、歯ごたえや色が悪くなる。必ずたけのこに味がついてから加えること。

春においしい煮もの

鶏のつくねとたけのこの煮もの

叩いた鶏肉と一緒に炊き合わせるたけのこも美味。
鶏肉のうまみがたけのこにコクをつけ、
ひと味違ったおいしさになります。
鶏肉はなめらかなひき肉より、自分で叩いた粗めのものが
歯ごたえがよく、存在感もあります。
つくねが煮えすぎないよう、たけのこ投入のタイミングに注意。

材料4人分
（口径21cmの行平鍋を使用）

- たけのこ（ゆでたもの）……400g
- わかめ（もどしたもの）……80g
- 鶏のつくね
  - 鶏胸肉……200g
  - 長ねぎの小口切り……5cm分
  - 卵……$\frac{1}{3}$個分
  - 砂糖……小さじ1
  - 塩……少々
- 煮汁
  - だし汁……2カップ
  - 砂糖……大さじ2
  - 淡口しょうゆ……大さじ$2\frac{1}{2}$
  - 酒……大さじ1
- ●木の芽

下ごしらえ

1 たけのこは根元の周囲を割り箸でしごいてきれいにし、穂先はくし形に切り、根元の部分は1cm厚さのいちょう形、または半月形に切り、熱湯にくぐらせる。

2 わかめは筋を除き、食べやすい大きさに切り、熱湯にくぐらせる。

3 鶏肉はぶつ切りにしてから包丁で細かく叩き、そこにねぎの小口切りを混ぜ、よく溶いた卵を加えてさらに叩き、砂糖と塩で下味をつける。

たけのこ、鶏のつくね、
わかめを盛って煮汁をはり、
木の芽を天盛りにする。

煮方と極意

1

つくねは熱くなった煮汁に入れることで形がまとまる

鍋に煮汁のだし汁と調味料を合わせて火にかける。鶏のつくねを、ぬらした箸で一口大に丸くまとめ、小煮立ちした汁に静かに入れていく。

2

たけのこを入れるタイミングは、鶏のつくねが白く変わったら

鶏のつくねの表面が白くなり、しっかり固まったらたけのこを入れる。つくねの中心まで火が通ってからでは、たけのこに味が含むまでに、つくねが固くしまってしまう。

3

鶏のつくねをくずさないよう火加減は弱火で、静かに煮含める

落としぶたをして弱火でしばらく煮含める。たけのこに味が含んだら、わかめを加えて2～3分煮、火を止める。

固い根元もおいしい

たけのこの緑風煮

しっかり味をつけた佃煮風。しその実の香りがすがすがしく白いご飯がすすみます。「固い根元もムダなくおいしく」と考えた祖父緑風好みの料理。

ゆでたたけのこ200gは、根元は横に薄く切り、穂先は縦3cm長さに切ってせん切りにし、熱湯にくぐらせる。鍋にたけのこ、しょうゆ大さじ3、酒大さじ2、みりん小さじ2を入れ、汁気がなくなるまでいりつけ、火を止める間際にしその実の塩漬け大さじ2を混ぜる。

春においしい煮もの

たけのこの地がつお

水と削りがつおで煮る直がつお煮もありますが、これはだし汁を使い、さらにうまみをプラスするために煮含める途中で削りがつおを加える調理法。「追いがつお」という手法です。煮上げたらさらに粉節《こぶし》をまぶし、たけのことかつお節の風味を、ぜいたくに味わいます。

材料4人分
(口径21cmの行平鍋を使用)

たけのこ(ゆでたもの)
……1本(約400g)

煮汁A
- だし汁……2カップ
- 砂糖……大さじ2
- 塩……小さじ$\frac{1}{2}$
- 淡口しょうゆ……大さじ2
- 酒……大さじ2
- みりん……大さじ$1\frac{1}{2}$

削りがつお……20g

菜の花……$\frac{1}{2}$わ

煮汁B
- だし汁……$\frac{3}{4}$カップ
- 塩……少々
- みりん……小さじ2
- 淡口しょうゆ……小さじ1

●木の芽

●塩

下ごしらえ

1 鍋に削りがつおを入れて中火にかけ、焦がさないように空《から》いりし、さらしのふきんに包んで軽くもみ、細かな「粉節」にする。空いりしたら、鍋に入れっぱなしにしないこと。余熱で焦げる。

2 たけのこは穂先を10cm長さのくし形に切り、根元のほうは1.5cm厚さの半月形、またはいちょう形に切り、熱湯にくぐらせる。

3 菜の花は塩ひとつまみを入れた熱湯で色よくゆで、水にさらし、軽く水気を絞る。煮汁Bのだし汁と調味料を合わせて火にかけ、菜の花を入れて火を止める。

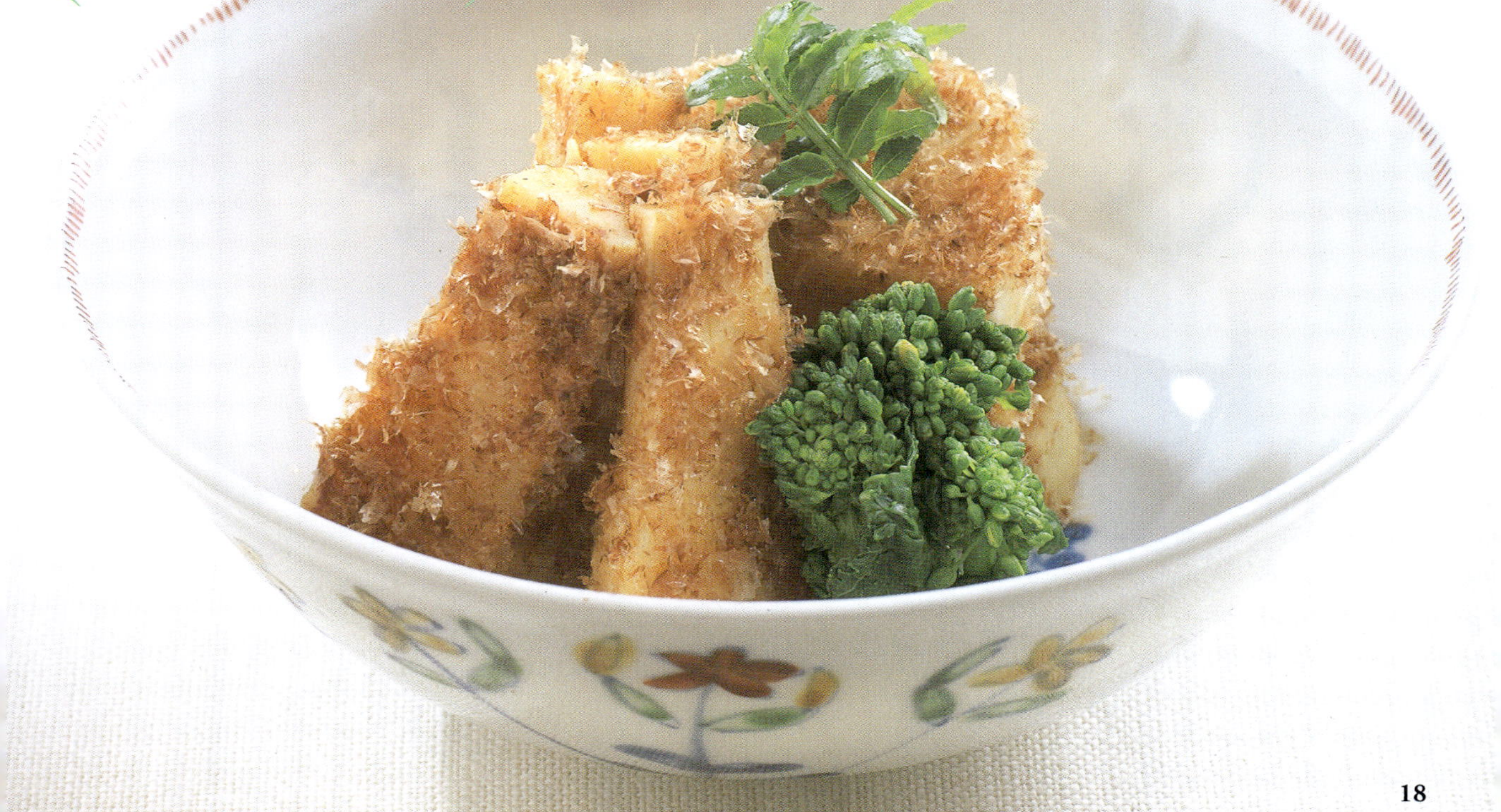

たけのこを盛り、菜の花を食べやすい長さに切って添え、木の芽を天盛りにする。

煮方と極意

1

粉節の一部を加えて深みのある味にする

鍋に煮汁Ａのだし汁と調味料、たけのこを入れて火にかけ、粉節の$\frac{1}{3}$量を加えて弱火で12〜13分煮る。強火で煮立たせず、弱火でゆっくりかつお節の味を含ませることが大事。

2

残りの粉節は盛りつけるときにまぶす。香ばしい香りも堪能！

バットに残りの粉節を広げて入れ、たけのこの汁気を軽くきり、1切れずつ粉節をまぶす。

たけのこでもう一品

たけのこの卵とじ

とろみをつけた煮汁を卵でとじたやさしい味。たけのこは小さくても存在感があります。

ゆでたたけのこ200gは、穂先は2cm長さの薄いくし形に、根元は薄いいちょう切りにする。鍋にたけのことだし汁1カップを入れて弱火で2〜3分煮、砂糖小さじ2、淡口しょうゆ・酒各大さじ1、塩少々で調味する。塩ゆでした芝えび150g、グリンピース少々を加える。片栗粉小さじ1を同量の水で溶いて加え、薄くとろみをつけ、溶き卵2個分を流す。火を止めてふたをし、1分蒸らしてとじる。器に盛り、木の芽をあしらう。

めばるの煮つけ

1尾200g程度のめばるなら形も美しく、姿のまま煮るに限ります。まずめばるが悠々と並ぶ、広めの鍋を用意。竹の皮を敷くと魚の皮が直接鍋肌につかず、焦げにくくなります。少なめの煮汁で一気に煮上げてしまうのがコツで、落としぶたを使うことで煮汁を魚全体に回すことができます。

材料2人分
(口径28cmの平鍋を使用)
めばる……(200gのもの)2尾
ごぼう……$\frac{1}{2}$本
実山椒(佃煮)……大さじ1
煮汁
しょうゆ……$\frac{1}{2}$カップ
みりん……$\frac{1}{2}$カップ
砂糖……大さじ3
玉酒
水……1$\frac{1}{2}$カップ
酒……大さじ3
●木の芽
●米のとぎ汁

めばる
めばるは4～5月が旬。「目張」の漢字が当てられるように、張り出した大きな目が特徴で、ことに新鮮なものは、目の周りにブルーのアイシャドーをつけたよう。大きいものは頭つきで2枚におろして煮つけるとよい。

下ごしらえ

1 めばるは尾から頭に向けて包丁でウロコを引く。取り残しがちな腹側のウロコもよく払う。

2 内臓を壷ぬきする。割り箸2本を口からエラをはさみ込むように差し込み、魚を持つ手と箸を持つ手を絞るようにしてエラと内臓を抜く。流水で腹の中もきれいに洗う。

3 めばるの表身に斜めに切り目を入れる(飾り包丁)。飾り包丁を入れておくと、煮えたときに身くずれしにくく、味も入りやすい。

4 ごぼうは包丁の背で皮をこそげ、縦4つ割りにする。ごぼうが充分つかるだけの米のとぎ汁で柔らかくゆで、水にさらす。

5 竹の皮は水で柔らかくもどし、縦に切り目を入れる。

めばるを盛り、
食べやすく切ったごぼうを添え、
煮汁をはって
木の芽を天盛りにする。

1

**煮立てた煮汁に
入れれば生臭くない**

鍋に竹の皮を敷き、煮汁の調味料を合わせて中火にかけ、煮立ったらめばるの表を上にして並べ、手前にごぼうを加える。煮立てた煮汁に魚を入れることで、魚の生臭みが熱のためにすぐ飛ぶ。竹の皮を敷くと皮が焦げにくく、完成後取り出しやすい。

2

**魚は短時間で火を通したいので
煮汁は少なめ。落としぶたで
少なめの煮汁を全体に回す**

香りづけに実山椒を散らし、ひと煮立ちしたら魚の表面に煮汁をかけ、落としぶたをして煮る。火加減は強火から中火。泡立った煮汁が落としぶたに当たるくらいに調節しながら煮る。

3

**玉酒を足して
煮汁の量を調節**

煮汁はいつも落としぶたに当たるのが理想。玉酒を用意し、煮汁が少なくなったら、２回に分けて回しかける。玉酒はあらかじめ分量の水に酒を合わせておいたもの。水だけ足したのでは、煮汁のおいしさが薄まってしまうので、酒を加えておく。

4

**煮えたかどうかの見極めは目で判定。
魚の目が白くなれば、火が通ったしるし**

途中、ときどき玉じゃくしで魚の表面に煮汁をかける。煮魚は裏返すと身がくずれてしまうので、このままの状態で最後まで一気に煮上げる。

生たらことふきの炊き合わせ

淡いピンクの魚の子と青々としたふきの組み合わせは、早春の息吹を感じさせてくれます。

2つの素材の持ち味を生かすよう「炊き合わせ」に。

「炊き合わせ」は、別々の煮汁で煮含めて盛り合わせる手法です。

ふきは青く、たらこは花が咲いたように煮上がれば上々。

材料4人分
（口径18cmの行平鍋を使用）

- 生たらこ……1腹
- 煮汁A
  - だし汁……カップ1½
  - 砂糖……大さじ1強
  - 淡口しょうゆ……大さじ2⅓
  - 酒……大さじ1
- ふき……3〜4本
- 赤唐辛子……1本
- 煮汁B
  - だし汁……1½カップ
  - 砂糖……小さじ2
  - 塩……小さじ½
  - 淡口しょうゆ……小さじ2
  - 酒……小さじ2
- ●木の芽
- ●塩

生たらこ
すけそうだらの卵巣で、真子とも呼ばれる。まだらの卵巣もおいしいが、6倍ほどの大きさがある。春は魚介が産卵期を迎えるため、鯛の真子やひらめの真子なども出回る。

下ごしらえ

1 生たらこは1腹を2つに分け、3cm長さの筒切りにして薄皮の端を少し切る。塩ひとつまみを加えた熱湯に入れ、くるりとはぜさせる。アクが出たらすくい取り、盆ザルにとる。

2 ふきは葉を切り落とし、塩をふって板ずりし、色よくゆでて皮をむく（24ページ参照）。

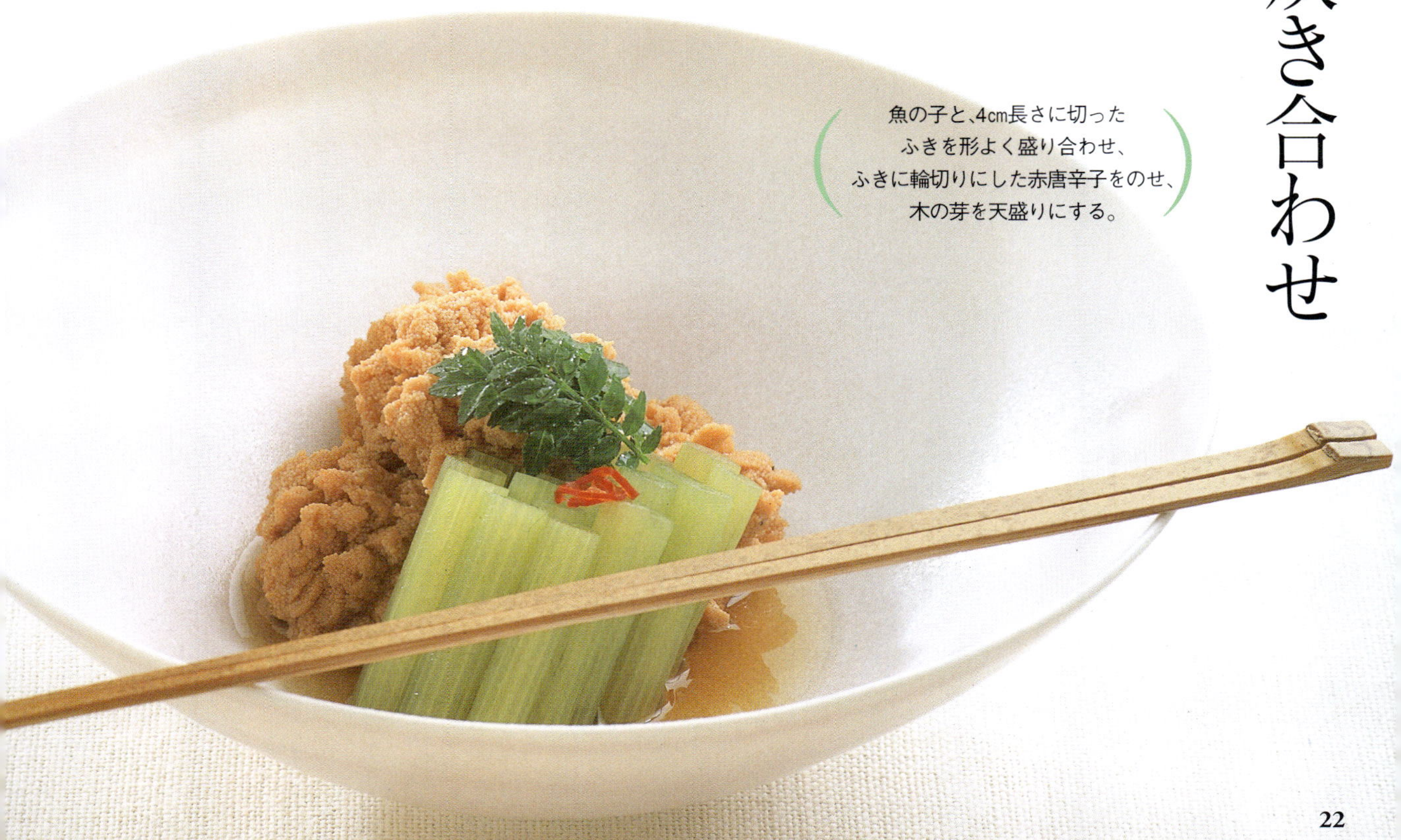

魚の子と、4cm長さに切ったふきを形よく盛り合わせ、ふきに輪切りにした赤唐辛子をのせ、木の芽を天盛りにする。

1

魚の子はやさしく扱う。手荒くすると粒がはずれてしまう

鍋に煮汁Aのだし汁と調理料を合わせて中火にかけ、はぜたたらこを壊さないようにそっと入れる。

2

魚の子は、表面は煮えやすいが芯のほうは火通りが悪い。中まできっちり火を通すこと

フツフツと小煮立ちするくらいの弱火で約10分、静かに煮る。ふたはしないで、ふっくらと形よく煮含める。魚の子は、毛細管現象により自分で煮汁を吸い上げるので、煮汁をかける必要もない。

3

ふきの青煮は煮ないのが鉄則。煮汁だけを熱くする

別鍋に煮汁Bのだし汁と調味料を合わせて中火にかけ、ひと煮立ちさせる。

4

色よくゆでたふきに熱い煮汁をかけて冷ます過程で味を含ませる

バットにふきを並べ、種を抜いた赤唐辛子を入れ、熱い汁をはる。このまま冷まして味を含ませる。赤唐辛子もポイントで、ふきの香味は赤唐辛子によって引き出せる。

春においしい煮もの

ふきと油揚げの煮びたし

ふきの色は気にせずに、しょうゆの入った煮汁で煮る煮びたし。油揚げとの相性が抜群で、いつ食べても飽きない味です。ふきの歯ごたえを損なわないよう、煮る時間はわずか5〜6分。

材料4人分
（口径21㎝の行平鍋を使用）

ふき……3〜4本
油揚げ……1枚
煮汁
- だし汁……2カップ
- 淡口しょうゆ……大さじ1
- 塩……小さじ½
- みりん……大さじ½
- 酒……大さじ2
- 砂糖……小さじ2

●一味唐辛子
●塩、ごま油

ふき
真夏以外はいつでも見かけるようになったが、旬は3〜6月。ハウスもの、露地ものの順に出回り、6月には山菜の野ぶきも出回る。いずれも茎を持ってみて、張りのあるものが新鮮。

下ごしらえ

1 ふきは葉を切り落とし、鍋に入る長さに切ってまな板に並べ、多めに塩をふって板ずりにする。たっぷりの熱湯で色よくゆで、すぐに冷水にとる。太いほうから皮をむき、4㎝長さに切る。

2 油揚げは熱湯をかけて油抜きをし、縦半分に切って小口よりせん切りにする。

煮びたしを小高く盛り、煮汁をはって一味唐辛子をふる。

煮方と極意

1

ふき、油揚げをごま油で、よくよく炒める

鍋にごま油大さじ１を入れ、強火でふきと油揚げを炒める。ふきに油が充分回るまで木ベラで混ぜながら炒める。

ふきの切り口がグズグズにならないよう弱火で静かに煮る

煮汁のだし汁と調味料を加え、弱火にして５〜６分静かに煮る。炒めた段階ですでに火が通っているので、ここでは煮すぎないこと。

2

煮汁につけたまま冷まして味を含ませる

煮くずれないうちに火を止める。火を止めたら煮汁につけたままで冷まし、ふきの芯までおいしさを含ませる。

3

ふきの葉の当座煮

ふきの葉で箸休めを

切り落としたふきの葉は、ほろ苦くてとてもおいしい。水にさらしてアクを抜き、当座煮にします。これでお茶漬けは私の好物。

ふきの葉４枚は丸めて端から小口切りにし、さらに粗めのみじん切りにする。塩ひとつまみを加えた熱湯でさっとゆで、水にとって約10分さらす。ふきんにとって水気をギュッと絞る。これを鍋に入れてしょうゆ大さじ$1\frac{1}{2}$〜２、酒大さじ１を加え、水分がなくなるまで弱火でいりつける。火を止めて七味唐辛子をふる。

春においしい煮もの

菜の花とあおやぎの卵とじ

かすかな苦みの菜の花とあおやぎは
陽春ならではの組み合わせ。
どちらも煮すぎは禁物！
ことにあおやぎは瞬時に火が通るため、
菜の花をあらかじめゆでておき、
煮える時間のタイミングを合わせます。

材料 4人分

（口径21cmの行平鍋を使用）

菜の花……1わ

あおやぎ……70g

煮汁

- だし汁……1カップ
- 淡口しょうゆ……小さじ2
- みりん……大さじ1
- 塩……少々

卵……2個

●塩

菜の花

2〜4月が最盛期。つぼみのびっしりついたものが良品。しなびやすく、使うときには1時間ほど水につける。茎から水分が吸い上げられてシャキッと生き返る。

下ごしらえ

1 菜の花は軸の固い部分を切り捨て、水につけてシャキッとさせる。塩ひとつまみを加えた熱湯でゆで、水にとって冷ます。水気を絞り、2cm長さに切る。

2 あおやぎは目ザルに入れ、立て塩（海水程度の塩水）の中でふり洗いする。

煮方と極意

あおやぎは加熱しすぎると身が縮んで固くなる

鍋に煮汁を入れて中火にかけ、水気を絞った菜の花を入れ、2分ほど弱火で煮る。味が含んだら、あおやぎを広げて入れ、さっと火を通す。

卵がフルフルになれば火を止める

卵を割りほぐして回しかける。卵がふわっと浮いてきたら火を止め、ふたをして1分ほど蒸らす。卵とじの卵は、半熟くらいの柔らかさが身上。

春においしい煮もの

グリンピースの含ませ

むきたてのグリンピースをふっくらと鮮やかな緑そのままに味を含めます。「煮る」というより、熱くした煮汁とともにクールダウンさせて味を含ませる調理法。

材料4人分
（口径18cmの行平鍋を使用）
グリンピース（さやつき）……200g
煮汁
- だし汁……1カップ
- 塩……小さじ1/2
- 淡口しょうゆ……小さじ1/2
- みりん……大さじ1強

●塩

下ごしらえ

1 グリンピースはさやから出し、海水くらいの塩水に約5分つける。塩少々を加えたたっぷりの熱湯に入れ、色よく柔らかくゆでる。

2 ボウルに約45℃の湯を用意してグリンピースを移し、さらにボウルの底を水で冷やして色止めする。湯にとった瞬間少ししわが寄るが、しだいにふっくらと膨らむ。

グリンピース
とれたてのさやつきが出回るのは春から初夏にかけて。缶詰や冷凍品とは、甘みも香りもひと味違うので季節を逃さず使いたい。さやの緑が濃く、全体に豆の大きさのそろったものが良品。

煮方と極意

1 煮立てた煮汁の中でそっと静かに

鍋に煮汁を合わせ中火にかけ、ひと煮立ちさせる。ここにグリンピースを入れ、鍋の隅が静かに揺れる程度煮立ったら火を止める。

2 火からおろしてクールダウン

鍋を直ちに火からおろし、煮汁につけたまま冷ます。煮汁が冷める間に、グリンピースにゆっくり味が浸透する。煮汁とともに食べる。

スナップえんどうの煮びたし

柔らかな緑のさや豆は、いかにも春の食材。
スナップえんどうは、さやに並んだ小さな豆の甘みも楽しみます。
さやの食感を損なわないようさっと煮上げたいので、
「焼きじょうゆ」という手法を使います。
しょうゆを鍋肌に焼きつけて香りを立て、素材にからめる方法。

材料4人分
(口径21cmの行平鍋を使用)

- スナップえんどう……180g
- 油揚げ……1枚
- 煮汁
  - しょうゆ……大さじ1
  - だし汁……$1\frac{1}{4}$カップ
  - 塩……小さじ$\frac{1}{3}$
  - みりん……大さじ$\frac{1}{2}$
- ●サラダ油

下ごしらえ

1 スナップえんどうは背側と腹側から筋を取る。

2 油揚げは熱湯をかけて油抜きをし、縦半分に切り、小口から6〜7㎜幅に切る。

春のさや豆
写真左はスナップえんどう、右は絹さや。さやごと食べる豆類の代表だが、近年はさとうざや、モロッコいんげん、角豆なども出回る。いずれもさやに張りがあり、色の冴えたものを選ぶ。

煮方と極意

1

しょうゆを鍋肌にたらして焼きつける、焼きじょうゆの手法で香りを立てる

鍋にサラダ油大さじ１を入れ、スナップえんどうと油揚げを強火で炒める。鍋肌に煮汁のしょうゆをたらしてジュッと焼きつけ、鍋を揺すって手早くからめる。

2

煮すぎは禁物。さやの歯ごたえを損なわぬようさっと煮る

煮汁のだし汁、塩、みりんを加えてざっと混ぜ合わせ、中火にして２～３分煮る。歯ごたえを生かしたいので、煮すぎないようにする。

絹さやともやしの煮びたし

春のさや豆でもう一品

絹さやだけではちょっと心もとない。もやしのシャキシャキ感をプラスすると、食べごたえのある一品になります。

絹さや150gは背側から筋を取り、斜めに切る。もやし100gは根を除く。油揚げ１枚は熱湯をかけて油抜きをし、縦半分に切って小口から６～７㎜幅に切る。サラダ油小さじ２で野菜と油揚げを強火で手早く炒め、だし汁１カップ、塩小さじ1/4、しょうゆ小さじ２、みりん大さじ１を加えて１～２分煮る。器に盛り、一味唐辛子をふる。

春においしい煮もの

鯛のかぶと煮

鯛は捨てるところのない魚。頭にもたっぷり身が入っています。頭やアラだけで売られることも多いので、見かけたらぜひ煮ものに。ただし、鯛の頭は固いので、安定した場所で出刃包丁で割ります。きりりと濃いめの味に煮つけることがポイント。胸ビレを立てて「かぶと（兜）」のように盛りつけます。

材料2人分
（口径28cmの平鍋を使用）

鯛の頭……1尾分

煮汁
- しょうゆ……$\frac{2}{3}$カップ
- みりん……$\frac{2}{3}$カップ
- 砂糖……大さじ4

玉酒
- 水……$1\frac{1}{2}$カップ
- 酒……大さじ4

しょうが……20g

ごぼう……$\frac{1}{3}$本

● 粉山椒、木の芽

● 塩

真鯛
鯛は一年中出回る魚だが、ことに春の鯛は、桜の花の咲く頃に「桜鯛」の名前で珍重される。真鯛のほか、エラブタの端が赤い血鯛、黄色い模様の入った黄鯛などがある。

下ごしらえ

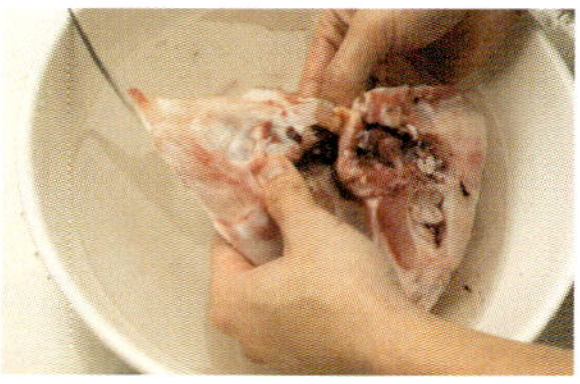

1 鯛の頭はウロコを包丁でていねいに取り、縦2つに割ってエラを除き、海水より少し濃いめの塩水で血やウロコを洗い流し、水気をふき取る。

2 しょうがは薄切りにする。

3 ごぼうは皮を包丁の背でこそげ、ささがきにして水にさらす。

鯛とごぼうを盛って
煮汁をはり、
粉山椒をふって
木の芽を天盛りにする。

1

煮魚の原則通り、鯛の頭も煮立てた煮汁に入れる

広めの鍋に煮汁の調味料を合わせて火にかけ、煮立ったら鯛の頭を表を上にして入れ、しょうがの薄切りを全面に散らす。

2

落としぶたをして、煮汁を全体に回す。落としぶたに泡がかかるくらいの火加減がよい

鯛の表面に煮汁をかけて落としぶたをし、強火で煮始める。煮汁が吹き上がり、魚全体に回ったら、半量の玉酒を入れて中火に落とし、泡が落としぶたにかかるような火加減で煮る。

3

一気に煮上げたいので、火の通りにくい身の厚い部分に煮汁をすくいかける

途中、煮汁が少なくなったら残りの玉酒を加えてさらに煮る。ときどき鯛の表面に玉じゃくしで煮汁をかけながら火を通す。

4

鯛のうまみが出た煮汁でつけ合わせのささがきごぼうをさっと煮る

鯛にほぼ火が通ったら、鍋の隅に水気をきったごぼうを加えてさっと煮る。鯛の頭全体に照りがついてきたら火を止める。

新じゃがの炒め煮

新じゃがはみずみずしく、ねっとりとした味わい。ホクホクとしたじゃが芋とはひと味違いますが、炒めたり揚げるなどして油を補うと、ぐっとおいしくなります。ベーコンのうまみもたっぷり加えてボリュームを出し、甘辛い煮ころがしに。ご飯のおかずに格好のものです。

新じゃが
春先に出回る小粒のじゃが芋で、デジマなどの品種が有名。皮が薄くて柔らかく、手でこするだけでむける。収穫して時間がたつほどむきにくくなる。後半には男爵やメイクイーンの新ものが、冬場は北海道産のベビーポテトも出回る。

材料4人分（口径21cmの行平鍋を使用）

新じゃが芋
……（約20gのもの）12個
ベーコン（薄切り）……150g
スナップえんどう……100g
煮汁
- だし汁……2カップ
- 砂糖……大さじ2
- しょうゆ……大さじ2
- 塩……小さじ$\frac{1}{5}$
- みりん……大さじ$\frac{1}{2}$
- 酒……大さじ2

●木の芽
●塩、サラダ油

下ごしらえ

1 新じゃがは水洗いしてから、割り箸の角で皮をこすり落とし、残った皮はタワシで取り除く。

2 ベーコンは3～4等分の食べやすい長さに切る。

3 スナップえんどうは両側から筋を取り、塩ひとつまみを入れた熱湯で色よくさっとゆで、水にとって水気をきる。ゆですぎないように注意する。

煮方と極意

1
新じゃがは油で充分に炒めてコクをつける
鍋にサラダ油大さじ2を入れて火にかけ、新じゃがを加えて色がつくまで炒める。さらにベーコンを加え、薄く焼き色がつくまで炒める。

2
柔らかくなるまでだし汁だけで煮る
まず煮汁のだし汁だけを加え、落としぶたをして柔らかく煮る。竹串がスッと通るようになればよい。

形よく盛って、
少量の煮汁をはり、
木の芽を天盛りにする。

3

砂糖の甘みを含ませてから しょうゆを加える

調味料はまず、砂糖を加えて４～５分煮、次にしょうゆ、塩、みりん、酒を加えて落としぶたをし、中火で煮る。

ここまで煮つめることで、味よく、つやよく仕上がる

煮汁がほぼ半量になったら、斜め半分に切ったスナップえんどうを加えてざっと混ぜ、さらに弱火で１～２分煮て火を止める。

4

肉じゃが

油を使わずに作る、さっぱり味の肉じゃがです。じゃが芋を下ゆですること、じゃが芋や玉ねぎに味をつけてから牛肉を加えることがおいしく作るコツ。牛肉のうまみがじゃが芋に移り、かつ牛肉が固くならないよう4～5分煮ます。

材料4人分
（口径21cmの行平鍋を使用）

- 牛薄切り肉（ロース肉、バラ肉など）……300g
- じゃが芋（男爵）……500g
- 玉ねぎ……1個（250g）
- しらたき……$\frac{1}{2}$玉
- 絹さや……30g
- 煮汁
  - だし汁……2カップ
  - 砂糖……大さじ$3\frac{1}{2}$
  - しょうゆ……大さじ$3\frac{2}{3}$
  - 酒……大さじ2
- ●塩

下ごしらえ

1 じゃが芋は皮をむいて4～6つに切る。鍋にかぶるくらいの水とともに入れ、中火で約15分ゆでる。竹串を刺してみて軽く通るようになればザルに上げる。

2 玉ねぎは一口大のくし形に切り、しらたきは熱湯でゆで、10cm長さに切り、牛肉は5～6cm幅に切る。

3 絹さやは筋をとり、塩ゆでして水にとる。

男爵
じゃが芋は季節を問わず手に入るが、6～8月頃に新ものが出回る。肉じゃがには粉質のホクホクした男爵が向く。メイクイーンはやや水気が多いので、炒めるか素揚げにしてから煮るとコクがつく。

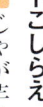

煮方と極意

1

調味料はサシスセソのサ、砂糖から。きっちり甘みがついたらしょうゆを

鍋にじゃが芋、玉ねぎ、しらたきを入れ、だし汁を加えて中火にかける。ひと煮立ちしたら砂糖を加えて約5分煮、甘みが含んだらしょうゆ、酒を加えて煮る。

2

牛肉は後半に加えてさっと煮るだけ。火を通しすぎては台無し

じゃが芋を食べてみて味が含んでいるかどうか確認する。含んでいたら牛肉を加えて4～5分煮、じゃが芋に肉の味を含ませる。途中、こまめにアクを取る。

3

煮上がりのタイミングはじゃが芋を見て決める

じゃが芋の周りが煮くずれてきたら火を止め、水気をきった絹さやを散らし入れる。

男爵でもう一品

じゃが芋の粉吹き煮

甘みのきいたしょうゆ味の粉吹き芋。副菜やお弁当のおかず、そして晩酌に。ささっとできる嬉しい一品です。

じゃが芋500gは皮をむいて3㎝角に切り、たっぷりの水で柔らかくゆでる。菜箸で壊れるようになったら、ゆで汁大さじ2くらいを鍋に残してあとは捨て、砂糖大さじ6、しょうゆ大さじ3を加えて中火にかける。菜箸で手早く割りほぐし、鍋返しをしながら、粉が吹くまで煮る。

夏においしい煮もの

なすの利久煮

切りごまをたっぷり使った「利久煮」。千利休が好んだことで、ごまを使う料理につけられます。いりたてのごまの香りは、鈍りがちな夏の食欲も刺激します。みそと砂糖、酒であらかじめ練りみそを作っておくことで野菜に手早く均一にからめることができます。なんといっても仕上がりの色つやが冴えます。

材料4人分
(口径21cmの行平鍋を使用)

- なす……3個
- ピーマン……4個
- だし汁……$\frac{1}{2}$カップ
- 練りみそ
  - 仙台みそ(または赤みそ)……70g
  - 砂糖……60g
  - 酒……大さじ2
- むきごま……大さじ$1\frac{1}{2}$
- ●サラダ油

なす
真夏はなすの旬。高温になると種やアクの少ない、ち密な肉質のなすが出回る。中なすが一般的だが、地方ならではの固有の種類も多い。皮は紫紺色でつややか、ヘタのトゲが痛いくらいのものが新鮮。

下ごしらえ

1 なすは水洗いしてヘタを切り取り、縦2つに切って乱切りにする。ピーマンは縦に切ってヘタと種を取り、乱切りにする(水にとる必要はない)。

2 切りごまを作る。むきごまは厚手の鍋で薄いキツネ色になるまでいり、まな板に広げた乾いたふきんの上にあけ、熱いうちに粗く刻む。

3 練りみそを作る。小鍋にみそ、砂糖、酒を合わせて中火にかけ、木じゃくしで練りながら、照りが出るまで火を通す。

器に盛り、残しておいた切りごまをかける。

1

なすは色が飛びやすい。紫紺を生かすためには多めの油でしっかり炒める

鍋にサラダ油大さじ４を入れて強火にかけ、なすを入れて鍋を揺すりながら、油が全体に回るまでよく炒め、ピーマンを加えてさっと炒め合わせる。

2

だし汁、練りみその順に加え、3～4分フツフツと煮る

だし汁を加えて中火にし、煮立ったら練りみそを煮汁で溶き入れて３～４分煮る。

3

香りの立った切りごまをたっぷりふり込む

なすとピーマンに練りみその味がからまったら、切りごま大さじ１をふってざっと混ぜ、火を止める。

みそが全体にからまればでき上がり！

みそを加えてからはあまりかき混ぜない。野菜の形をある程度残しつつ、柔らかく仕上げたい。火を止めた直後は煮汁の色が悪いが、すぐにつやがもどる。

4

夏においしい煮もの

なすの揚げ煮

なすの紫紺色を損なわずに
煮上げるコツは、
油で揚げてから調理すること。
油を使うことで色素を
安定させることができるからです。
風味が増して美しい色合いに。

なすとしし唐を盛って煮汁をはり、小口切りのあさつきを散らし、おろししょうがを天盛りにする。

材料4人分（口径21cmの行平鍋を使用）

なす……4個
しし唐辛子……8本
煮汁
- だし汁……2/3カップ
- 砂糖……大さじ1 1/2
- しょうゆ……小さじ1
- 淡口しょうゆ……大さじ1/2
- みりん……小さじ2
- 塩……少々

●あさつき、おろししょうが
●揚げ油

下ごしらえ

1 なすはヘタを切り落とし、縦半分に切って皮目に斜めの包丁目を入れる。しし唐辛子は軸を切り、破裂しないように包丁で切り目を入れる。

2 揚げ油を170℃に熱し、なすの皮目を下にして油に入れる。薄く色がついてきたら裏返して1～2分揚げ、油をきる。皮から先に揚げると紫紺の色が定着する。同温でしし唐辛子を揚げ、緑色が冴えたら取り出す。

煮方と極意

1

揚げなすの皮目を上にし、静かに煮含める

鍋にだし汁を入れ、小煮立ちになったら砂糖、しょうゆ、淡口しょうゆ、みりん、塩を加える。なすの皮目を上にして入れ、なすが踊らないぐらいの火加減で4～5分煮る。なすの皮の色を生かすために落としぶたはしない。

2

しし唐は緑鮮やかにさっと火を通すだけに

なすに味が含んだら、しし唐を加えてさっと煮、火を止める。

夏においしい煮もの

射込みなすとそうめんの煮もの

そうめんとなすの涼やかな組み合わせ。なすにささ身をはさんで油で揚げ、煮含めます。おいしく、見た目にも美しい、もてなしにも向く煮ものです。

材料4人分（口径21㎝の行平鍋を使用）

なす……4個
鶏ささ身……2本
煮汁
- だし汁……2カップ
- 淡口しょうゆ……大さじ5 1/2
- 砂糖……大さじ3
- みりん……大さじ1

そうめん……2わ
- ●あさつき、糸がつお、おろししょうが
- ●塩、片栗粉、揚げ油

下ごしらえ

1 なすは中形の大きさのそろったものを選び、水洗いしてガクの部分で切り落とし、花つきからヘタのほうまで縦十文字に切り目を入れる。ただし、切り離さない。

2 ささ身は筋を取り、縦に薄くそぎ切りにし、塩少々をふる。

3 なすの切り目にささ身をはさみ、なす全体に片栗粉をまぶし、ささ身がずれないように2か所を楊枝で止め、170℃の揚げ油で色よく揚げる。

4 そうめんは束のまま片端を木綿糸で縛り、熱湯で差し水をしながらゆで、水にとってザルに上げる。

煮方と極意

1

なすは味のついた汁で丸ごと煮る。フツフツと沸く程度の火加減で

鍋に煮汁のだし汁と調味料を合わせ、油をよくきったなすを丸ごと楊枝をつけたまま入れ、中火で5～6分煮含める。楊枝を抜いて横半分に切り、各自の器に盛る。

2

そうめんは煮すぎない。なすの煮汁にさっと浸すだけ

なすを煮た汁を煮立て、ゆでたそうめんの縛った部分を手で持ち、さっと通して味をつける。結び目を切って半量に分け、なすにかける。

煮汁をはり、そうめんに小口切りのあさつき、糸がつおをふり、おろししょうがを天盛りする。

夏においしい煮もの

そら豆の青煮

そら豆が出始めたら、早々に作りたい。旬の後半に出回る完熟した豆を使うと、緑色に仕上がらず、煮くずれることもあります。軽い紙ぶたをして弱火で静かに煮含めます。

材料4人分（口径18cmの行平鍋を使用）

そら豆（さやつき）……600g

みつ
- だし汁……1/3カップ
- 砂糖……60g
- 塩……小さじ2/3
- 淡口しょうゆ……小さじ2/3

●塩

そら豆
そら豆は鮮度が大切。むき豆はすぐに固くなるのでさやつきを求め、直前にむいて使う。さやの緑が濃く、白い産毛がついているものが新鮮。黒くなった芽の部分は「お歯黒」と呼ばれ、熟したサイン。

下ごしらえ

そら豆はさやから取り出し、おはぐろの部分を爪でむく。塩ひとつまみを入れた熱湯で色よくゆで、盆ザルにとり、粗熱がとれたら形をくずさないように皮をむく。

煮方と極意

1

だし汁に砂糖等を溶かしたみつで煮る。
鍋にみつの材料を合わせて中火にかけ、砂糖をよく溶かして透明なみつを作り、そら豆をそっと入れる。砂糖を充分に溶かしてからそら豆を入れないと、焦げやすい。

2

味が均等に含むよう、半紙でそっと紙ぶたを
半紙などで紙ぶたをし、初めは中火、みつがフツフツ沸いてきたらごく弱火にして煮含める。煮汁が少なくなり、そら豆につやが出たところで火を止める（6〜8分）。

夏においしい煮もの

そら豆のよろい煮

皮をむかずに煮含めるから「よろい（鎧）煮」。
そら豆の甘みとしょうゆ味がマッチしてあとを引くおいしさ。
煮方の極意は、マメにアクを取ること！

材料4人分（口径18cmの行平鍋を使用）

そら豆（さやつき）……1kg

煮汁
- だし汁……1カップ
- 砂糖……50g
- しょうゆ……大さじ2強
- みりん……小さじ2

● 塩

下ごしらえ

そら豆はさやを割って豆を出し、おはぐろの部分を包丁でV字にかき取り、塩ひとつまみを入れた熱湯でゆで、盆ザルに上げる。

煮方と極意

1

アクをていねいにすくい取れば、すっきりした味に煮上がる

鍋に煮汁のだし汁と砂糖を入れて中火にかけ、砂糖が溶けたらそら豆を入れて2〜3分煮含める。しょうゆを加え、アクをていねいに取りながら煮る。

2

煮上がり際にみりんをふりかけ、照りをつける

煮汁がほぼなくなるまで中火で煮、煮上がり際にみりんをふりかけ、鍋を揺すって全体にからめて火を止める。

トマトとそら豆の卵とじ

スープ感覚でいただく、汁たっぷりの夏野菜の煮もの。すっきりしたトマトの酸味とのど越しのよさは暑気払いにも格好の料理です。卵をふわっと、柔らかにとじるコツは、片栗粉でとろみをつけてから溶き卵を流すこと。

材料4人分
（口径21cmの行平鍋を使用）

トマト……（大）1個
そら豆（さやつき）……200g
卵……2個
煮汁
- だし汁……$1\frac{1}{2}$カップ
- 砂糖……小さじ2
- 淡口しょうゆ……小さじ2
- 塩……小さじ$\frac{1}{5}$
- 酒……大さじ1

片栗粉……小さじ1
酢……小さじ2
●塩

下ごしらえ

1 トマトはヘタをくりぬき、熱湯にさっとつけて皮をむき、粗く刻む。

2 そら豆はさやから取り出して皮をむき、塩ひとつまみを加えた熱湯で色よくゆでて冷水にとる。

トマト
ハウス栽培でいつでも手に入る素材だが、夏に出回る露地ものは、やはり香りが強く味も濃い。ヘタが緑でピンとしているものが新鮮で、丸く色むらのないものが良質。トマトにはうまみ成分のグルタミン酸が含まれるため、だし汁やしょうゆとも相性がよい。

煮方と極意

1

水溶き片栗粉を加えて、なめらかなとろみをつける

鍋にだし汁を入れて火にかけ、砂糖、淡口しょうゆ、塩、酒で調味し、トマトを入れてひと煮立ちさせ、水気をきったそら豆を加える。火を少し弱め、同量の水で溶いた片栗粉を加え、様子を見ながらとろみをつける。

2

溶き卵を加えるときは、火加減を少し強める

浮いてきたアクをすくい取り、火を少し強めて溶き卵を全体に回しかける。火が弱いと、卵がふんわり仕上がらないので注意。溶き卵を流し入れるときは、箸に沿わせると均一に入る。

3

ふたをして1分待ち、フルフルの卵にとじる

卵がふわっと膨れてきたら鍋のふたをし、すぐに火を止めて１分ほど蒸らす。隠し味に酢を加える。

夏野菜でもう一品

ピーマンとじゃこの朝倉煮

実山椒の佃煮を加えたピリッと辛い当座煮。強火で一気に仕上げてしまいます。一山売りの不ぞろいのピーマンでも構いません。

ピーマン5個は縦4つ割りにし、軸と種を取り、大きく斜めに切る。鍋にごま油大さじ1を熱してピーマンを入れ、ちりめんじゃこ30ｇを加えて強火で手早く炒める。続けてだし汁$\frac{1}{4}$カップ、しょうゆ大さじ２、酒・みりん各小さじ2、実山椒の佃煮大さじ１を入れ、１～２分いり煮にして火を止める。

夏においしい煮もの

冬瓜《とうがん》と豚バラの煮もの

薄味の冬瓜とこっくり味の豚バラ肉の取り合わせ。
冬瓜はみずみずしく、きりりと矩形を保ちながら
舌の上ではとろけるほどの柔らかさに。
バラ肉は、冬瓜の食感とバランスをとるように
口中でほわっとくずれるくらいに仕上げます。
冬瓜は味つけもポイントで、濃くすると身がやせて
形がくずれやすくなるのです。

冬瓜とバラ肉を盛って、
冬瓜の煮汁をはり、冬瓜にはさらしねぎ、
バラ肉には練り辛子を添える。

材料4人分

（口径21cmの行平鍋を使用）

冬瓜……（輪切り）5cm

煮汁A
- だし汁……$1\frac{1}{2}$カップ
- 塩……小さじ$\frac{3}{4}$
- 淡口しょうゆ……小さじ1
- みりん……大さじ2

豚バラ肉（塊）……300g

煮汁B
- だし汁……2カップ
- 砂糖……大さじ3
- 淡口しょうゆ……大さじ1
- しょうゆ……大さじ$1\frac{2}{3}$
- 酒……大さじ2

長ねぎ……$\frac{1}{3}$本

- ●練り辛子
- ●くず野菜、米、重曹

冬瓜
水分96％、暑気払いにうれしい、みずみずしい野菜。6～9月が最盛期だが、「冬の瓜」の文字を当てるように、丸のままなら冬まで貯蔵がきく。切り分けたものは日持ちがしないので、早めに使いきる。

下ごしらえ

1 豚バラ肉は2cm厚さに切る。鍋にねぎの葉、にんじんの皮などのくず野菜とともに入れ、かぶるくらいの水を注ぎ、柔らかくなるまで約40分ゆでる。途中、ときどき水を足す。竹串が軽く通るようになれば、水洗いして4cm幅に切る。

2 冬瓜は5×3cm角に切り分け、ワタと種を除き、ごく薄く皮をむいて面取りをし、裏に十文字の隠し包丁を入れる。

3 かぶるくらいの水に冬瓜を入れ、米大さじ1と重曹耳かき1杯を加えて柔らかくゆでる。竹串が通るようになれば、水にさらす。

4 長ねぎは2cm長さに切り、縦に包丁を入れて芯を除き、細いせん切りにして水にさらす。

煮方と極意

1

密着度の高いふきんぶたをかけて煮ると、形がくずれず熱の回りも均一になる

鍋に冬瓜用の煮汁Aのだし汁と調味料を合わせ、下ゆでした冬瓜を入れて弱火にかける。さらしのふきんをかけ（ふきんぶた）、静かに5～6分煮て均一に味を含める。

2

火加減はあくまでも弱火。ところどころに泡が立つ程度の小煮立ちがよい

ふきんをはずして様子を見たところ。ふきんの下は小煮立ちの状態。冬瓜に薄く煮汁の色がついたところで火を止める。

3

バラ肉は砂糖の力で柔らかくする

別鍋に煮汁Bのだし汁と砂糖を合わせてバラ肉を入れ、中火で約10分煮含める。砂糖は肉を柔らかくする働きがある。次に淡口しょうゆ、しょうゆ、酒を加え、ぬらした落としぶたをして肉に味が含むまで約15分煮る。

煮含めた冬瓜でもう一品

冬瓜のくずし豆腐あんかけ

「冬瓜と豚バラの煮もの」と同様に煮含めた冬瓜を、なめらかな豆腐あんでいただきます。えびの赤を添えて華やかな煮ものに。

冬瓜は5×4㎝を4個用意し、下ごしらえをし、味のついただし汁で煮る（煮汁の分量44ページ参照）。小さな車えび4尾の頭と背ワタを取り、丸くなるよう箸で押さえながら酒・塩各少々をふっていりつける。器に冬瓜とえびを盛り、豆腐あんをかけ、木の芽を天盛りにする。豆腐あんは、だし汁1カップ、塩小さじ$\frac{1}{2}$、淡口しょうゆ小さじ2、みりん大さじ1を合わせて温め、粗く刻んだ絹ごし豆腐$\frac{1}{2}$丁分を加えて煮立て、片栗粉大さじ1を同量の水で溶いて加え、とろみをつける。

夏においしい煮もの

洋かぼちゃの煮もの

洋かぼちゃは果肉がしまっていて
火を通すとホクホクと栗のようなおいしさです。
かぼちゃ自体に甘みがあるので、砂糖は少し控えめに。
だし汁は多すぎるとコクのある煮ものにならないので注意。
切り分けるときに、大きさや重さを均一にすると、
むらなく、おいしく味が含みます。

材料4人分

（口径21cmの行平鍋を使用）

かぼちゃ……$\frac{1}{4}$個（約400g）

煮汁
- だし汁……カップ$1\frac{1}{2}$
- 砂糖……大さじ$2\frac{1}{2}$
- 淡口しょうゆ……大さじ$1\frac{1}{3}$
- 酒……大さじ1

下ごしらえ

かぼちゃは種を取り除き、皮つきのままくし形に切り、さらに食べやすい大きさに切り分ける。目方をそろえるように切り分けると均一に火が通る。

西洋かぼちゃ
市場に出回るかぼちゃの主流は、ホクホクした味わいの西洋種。写真は代表的な「えびすかぼちゃ」。皮が固く、見た目よりも持ち重りのするものが良質。カットしたものを買うときは、果肉が黄色く肉厚なものを。

煮方と極意

1

まず、だし汁だけで煮る。だし汁は多すぎてはだめ。ヒタヒタ以下の分量で

鍋にかぼちゃと煮汁のだし汁を入れて中火にかけ、煮立ったら砂糖、淡口しょうゆ、酒を加える。だし汁は少なめだが、煮立てば全体にゆきわたるので心配はいらない。

2

煮汁がいつも落としぶたに当たるように、火加減を調節しながら煮る

落としぶたをして煮る。煮汁がいつも落としぶたに当たるよう、強火と中火を使い分けて火加減しながら煮る。

3

かぼちゃにむらなく味が含めばでき上がり

かぼちゃの形をくずさないよう、味が含むまで煮る。かぼちゃの質にもよるが、14～15分で煮上がる。

洋かぼちゃで行事食

かぼちゃのおこと煮

夏から囲っておいたかぼちゃを、冬至にあずきと煮て食べる習慣があります。ハレの日＝事の日だから「おこと煮」と呼ばれます。

あずき1カップを3カップの水でゆで、ゆで汁がワイン色になったら汁を捨てる(渋きり)。新たに水3カップを加え、差し水をしながら柔らかくゆでる。かぼちゃ300gは種を取って適宜に切り、水から柔らかくゆでる。あずきのゆで汁をヒタヒタまで捨て、砂糖大さじ4、しょうゆ大さじ1、塩少々、水気をきったかぼちゃを加え、あずきにつやが出るまで煮る。

夏においしい煮もの

いわしの煮つけ

鮮度のよいいわしをさっと煮る方法です。調味料の割合は煮魚の基本形。しょうゆとみりんは同量、砂糖はその半量。途中、玉酒で煮汁の量を調節し、しょうがの香りで臭みを消します。

材料4人分（口径28cmの平鍋を使用）

真いわし……（中）8尾

煮汁
- しょうゆ……1/2カップ
- みりん……1/2カップ
- 砂糖……大さじ3

玉酒
- 水……1/2カップ
- 酒……大さじ3

しょうが……1かけ（20g）

下ごしらえ

1 いわしは水洗いして爪でウロコを落とし、胸ビレを頭につけて切り落とす。腹側を尻ビレまで斜めに切り、内臓を除いて腹の中をきれいに洗い、水気をふき取る。

2 しょうがは皮をむき、薄切りにする。

真いわし
いわしには真いわし、かたくちいわし、うるめいわしがあるが、煮魚には真いわしが向く。体に黒っぽい7つの斑点があり、ウロコは薄くはがれやすい。体長10〜15cmくらいを中羽いわし、それ以上を、大羽いわしともいう。

煮方と極意

1 煮立てた煮汁に、いわしの表を上にして並べる。途中、裏返さない

鍋に煮汁の調味料を合わせて火にかけ、煮立ったらいわしの表（頭が左、腹が手前）を上にして並べ入れる。しょうがを散らし、ぬらした落としぶたをする。

2 いわしの形をくずさないよう、中火と強火を使い分けて煮る

落としぶたに煮汁が当たるように、中火から強火の火加減で10〜15分煮る。途中、煮汁が足りなくなるので玉酒を2回に分けて足し、ときどき煮汁をいわしにかけながら煮上げる。

夏においしい煮もの

いわしの梅煮

いわしに酢と梅干しを加えて骨まで柔らかく煮る手法です。煮る時間はおよそ3時間と少々長めですが、冷蔵庫で保存すれば、3週間ほどおいしく食べられます。いわしの旬に多めに作ることをおすすめします。

材料4人分

（口径21㎝の行平鍋を使用）

真いわし……2kg
梅干し……3～4個
しょうが……1かけ（20g）
水……いわしにかぶる量
酢……½カップ
しょうゆ……1½カップ
みりん……大さじ3
玉酒（水1カップ、酒大さじ3の比率で合わせる）……適量
●塩

下ごしらえ

1 いわしはウロコを落とし、頭と内臓を除いて腹の中をきれいに水洗いする。水気をふき取り、大きさにより3～4つの筒切りにして尾を切り落とす。盆ザルにのせて塩を薄くふり、20～30分おいて生臭みを抜き、塩を洗い流す。

2 しょうがは皮をむき、薄切りにする。

煮方と極意

1

生臭みを残さないために、浮いてくるアクをていねいにすくい取る

鍋にいわしを並べ、ちぎった梅干しを入れ、かぶるくらいの水、酢、しょうゆ、しょうがを加え、落としぶたをして強火にかける。沸騰してきたら、煮汁が軽く落としぶたに当たるくらいの火加減で煮る。途中、浮いてくるアクはていねいにすくい取る。

2

骨まで柔らかくなってからみりんを加えてさらに煮つめ、甘みと照りをつける

煮ている途中煮汁が足りなくなるので、玉酒を少しずつ加えながら、中火で骨が柔らかくなるまで煮る（約3時間）。みりんを加えて煮汁を½量くらいまで煮つめて火を止める。このまま冷まして味をなじませる。

秋においしい煮もの

小芋の白煮《はくに》

「白煮」は素材の色を生かして白く仕上げるものですが野菜では、ゆり根、うど、山芋などによく使われる手法です。里芋はアクの少ない旬の石川芋に限り、この煮方が好まれます。調味料の配合も極意のひとつで、塩気は塩と淡口しょうゆをほんの少々。こればかりは、おいしく引いただしがモノをいいます。形をくずさないよう、フツフツと静かに煮含めることもコツ。

材料4人分
（口径21cmの行平鍋を使用）

小芋（石川芋）……16～20個

煮汁
- だし汁……2カップ
- 塩……小さじ3/4
- 淡口しょうゆ……小さじ1/2
- みりん……大さじ1

● 青柚

● 焼きみょうばん、米のとぎ汁

下ごしらえ

1 小芋は皮を割り箸の角でこすってむき、みょうばん水（水4カップに焼きみょうばん小さじ1を溶く）に30分つけてアクを抜く。

2 小芋をきれいに洗い、たっぷりの米のとぎ汁に入れてゆでる。沸騰するまでは強火にし、そのあとは火を弱めて、小煮立ちの状態で柔らかくなるまでゆでる。

石川芋
石川早生（いしかわわせ）とも呼ばれ、主に8～9月頃に出回る。子芋専用種で小さくて丸く、皮離れもよく、お月見の衣かつぎにも使う。粘り気があって味もよく、人気が高い。

小芋を盛って煮汁をはり、粗めのおろし金ですりおろした柚子の皮をふる。

1

鍋は小芋がちょうどひと並びする大きさがよい。大きすぎても煮くずれの原因になる

鍋に煮汁のだし汁と調味料を合わせて中火にかけ、ゆでた小芋をくずさないようにそっと入れる。ちょうどひと並びするくらいの大きさの鍋がよい。鍋が小さく、重ねて入れたのでは味が均一に含まない。

2

均一に煮汁が回るように落としぶたをして弱火で静かに煮含める

初めは中火、小煮立ちになったら落としぶたをし、弱火にして12～13分、静かに煮含める。

3

このくらいで火を止める。煮汁が少々減り、全部の小芋の頭が煮汁から出るようになる

火を止めたら、煮汁につけたまま約1時間おいて味を含ませる。食べるときに再度温める。煮上がりをすぐに食べるのと、このように味を含ませてから食べるのでは、おいしさに驚くほど差がつく。

秋においしい煮もの

里芋の鶏あんかけ

里芋をおいしく煮含める極意のひとつは、下ゆでをすること。ゆでてアクや余分なヌメリを取れば、里芋にだしや調味料の味がぐっと入りやすくなります。調味は、まずは砂糖だけで。甘みを充分含ませてからしょうゆや酒を加えます。

材料4人分
(口径21cmの行平鍋を使用)

里芋……(大)4個
鶏ささ身……100g
煮汁
- だし汁……3カップ
- 砂糖……大さじ6
- 淡口しょうゆ……大さじ2½
- 酒……大さじ1

片栗粉……大さじ1
● 柚子
● 焼きみょうばん、米のとぎ汁

下ごしらえ

1 里芋はタワシで泥を洗い落とす。ここできれいに洗わないと、むいたあとが汚くなる。上下を切り落とし、皮を縦に六面にむく。みょうばん水(水4カップに焼きみょうばん小さじ1を溶かす)にしばらくつけてヌメリとアクを取る。

2 水で洗ってからたっぷりの米のとぎ汁に入れてゆでる。火加減は沸騰するまでは強火、そのあとは火を弱め、小煮立ちの状態で柔らかくなるまでゆでる。

3 鶏ささ身は筋を取ってぶつ切りにし、包丁でさらに細かく叩いてひき肉状にする。

里芋
店頭では年中見かける里芋だが、ねっとりとした新ものが出回るのは10～11月にかけて。粘りのあるおいしさが楽しめる。手軽な洗い芋は避け、泥つきのものを求めたい。乾燥したものやヒビ割れのあるものも避けること。

里芋を盛って煮汁をはり、熱々の鶏あんをかけ、柚子の皮のせん切りを天盛りにする。

1

だし汁の量は芋の高さの7～8割あればよい

鍋に煮汁のだし汁を入れ、下ゆでした里芋を入れる。鍋は里芋が重ならない大きさが必要。だし汁の量は芋の高さの7～8割程度あればよく、中火にかけて煮立てる。

2

まず砂糖の甘みを含ませる。しょうゆを先に入れたのでは、芋の肉質がしまってしまう

だし汁が煮立ったら、調味料のうち砂糖だけを加え、落としぶたをして3～4分煮る。甘みが入ったところで、酒、淡口しょうゆを加える。

3

煮汁が$\frac{1}{3}$量になれば煮上がり

再び落としぶたをして中火で煮る。途中、浮いてくるアクをすくいながら、煮汁が$\frac{1}{3}$量くらいになるまで煮る。里芋に煮汁がよく回るように、中火から強火の火加減で煮含める。里芋においしそうなつやがついてくれば火を止める。

4

里芋の煮汁で鶏あんを作る

煮汁$\frac{1}{2}$カップを小鍋に移して温め、火からおろして鶏肉を木じゃくしで混ぜる。必ず火からおろして行う。火にかけたままでは鶏肉が団子状になり、冷めた汁ではあんが濁る。火にかけて水溶き片栗粉（片栗粉を同量の水で溶く）でとろみをつける。

秋においしい煮もの

れんこんのきんぴら煮

れんこんはシャキシャキ、モチモチ、モコモコ……火の通し加減でいろいろな歯ごたえに変わります。少し大ぶりに切ってきんぴら風に炒め煮にすると、モチモチと粘り気のある、おいしい煮ものになります。油を使うことでうまみがプラスされ、さらに「焼きじょうゆ」の手法を使って味をからませます。

下ごしらえ

れんこんは皮むき器で皮をむき、一口大の乱切りにする。薄い酢水に5分ほどさらし、水気をきる。さらしすぎても風味が損なわれてしまうので注意。

材料4人分

（口径21cmの行平鍋を使用）

れんこん……400g
赤唐辛子……1本
しょうゆ……大さじ$3\frac{1}{2}$
砂糖……大さじ3
みりん……大さじ2
玉酒
- 水……$\frac{3}{4}$カップ
- 酒……大さじ3

● 七味唐辛子
● 酢、サラダ油

れんこん
店頭には年中並ぶが、秋から冬にかけてが量も質も充実する。穴があいていることから「見通しがきく」という縁起物で、正月素材にも欠かせない。無漂白の泥つきが好まれる。ただし節の穴に泥が入り込んだものは避ける。ずんぐりした形が良品。

（れんこんを盛り、七味唐辛子をたっぷりふる。）

煮方と極意

1

味の入りにくい素材を使うとき、すばやく味をからめたいときは「焼きじょうゆ」にする

鍋にサラダ油大さじ1$\frac{1}{2}$を熱し、れんこんと赤唐辛子を入れ、強火で鍋を揺すりながら手早く炒める。れんこんに透明感が出てきたら、強火のまま鍋肌にしょうゆを加え、手早くからめる(29ページ参照)。

2

砂糖を加えたら、焦げつかせないこと。直ちに玉酒を入れる

つぎに火を弱めて砂糖を加え、焦がさないように手早く炒め、玉酒を加えてざっと混ぜる。

3

煮汁がなくなるまで炒め煮に。汁気が残っていてはおいしさも、もう一歩

再度強火にし、煮汁がなくなるまで木ベラで炒めながら煮る。みりんを加えてさらに炒め、照りがついたら火を止める。焦げやすいので注意する。

うどの皮のきんぴら

おすすめのきんぴらもう一品

ムダにしがちなうどの皮も、きんぴらにするとおつな酒肴になります。うどの料理を作るときは皮を大胆にむき取るので、併せてお作りください。

うどの皮$\frac{1}{2}$本分は4㎝長さのせん切りにし、ごま油小さじ2で炒める。しんなりしたら砂糖・しょうゆ各小さじ2を加えてさらに炒める。汁気がなくなるまでいりつけて火を止め、一味唐辛子をふる。

秋においしい煮もの

野菜の田舎煮

薄味の煮しめとでもいえば、味が伝わるでしょうか。なす、さつま芋、小松菜、にんじん、厚揚げなど、7つの材料を炊き合わせた、ほっとするおいしさの煮ものです。鍋を幾つか用意し、2種ずつ組み合わせて同時進行を。相性のよい材料を一緒に煮ることで、時間短縮になり、おいしさの相乗効果も生まれます。

材料4人分
(口径21cmの行平鍋を使用)

さつま芋……½本
煮汁A
- だし汁……½カップ
- 砂糖……60g
- 塩……少々

なす……1個
田舎こんにゃく……⅓枚
煮汁B
- だし汁……1½カップ
- 砂糖……大さじ1½
- 淡口しょうゆ……大さじ1
- 酒……大さじ2

にんじん……½本
さやいんげん……40g
煮汁C
- だし汁……1カップ
- みりん……大さじ2
- 塩……小さじ¼

小松菜……½わ
厚揚げ……½枚
煮汁D
- だし汁……½カップ
- みりん……大さじ1
- 酒……大さじ2
- 淡口しょうゆ……大さじ1½

●焼きみょうばん、揚げ油、塩

彩りよく盛り込む。
にんじん、いんげんは4～5cm長さに
切って手前に添える。

下ごしらえ

1 さつま芋は皮つきのまま1.5cm厚さの輪切りにし、みょうばん水(水4カップに焼きみょうばん小さじ1を溶かす)に30分ほどつける。さつま芋を洗い、水からゆでる。竹串が通るようになればよい(あれば、くちなしを入れると黄色が冴える)。

2 なすは縦4等分に切り、皮目に細かく切り目を入れ、170℃の揚げ油に入れて色よく揚げる。

3 こんにゃくは短冊形に切って中心に切り目を入れ、端を通して手綱こんにゃくにし、熱湯にくぐらせる。

4 にんじんは皮をむいて10cm長さの棒状に切り、水から柔らかくゆでる。

5 さやいんげんは軸を切り、塩を加えた熱湯で色よくゆでて水にとる。小松菜も塩を加えた熱湯でゆで、水にさらし、水気を軽く絞って3cm長さに切る。

6 厚揚げは熱湯をかけて油抜きをし、1cm幅に食べやすく切る。

1

さつま芋はこの料理にとって味のアクセント。1種だけ甘いみつで煮る

鍋に煮汁Aのだし汁と調味料を合わせて火にかけ、砂糖が溶けたらさつま芋を加え、中火と弱火で火加減して7〜8分ほど煮る。

2

色が出やすいなすは、影響を受けないこんにゃくと

別鍋に煮汁Bのだし汁と調味料を合わせ、こんにゃくを入れて5分ほど煮て味を含ませる。小煮立ちになるよう火加減し、なすを加えて4〜5分煮て火を止める。

3

いんげんは緑色を生かしたい。にんじんを煮た汁につける

別鍋に煮汁Cのだし汁と調味料を合わせてにんじんを入れ、小煮立ちになるよう火加減し、5〜6分煮て味を含ませる。いんげんを加え、さっと煮て火を止める。

4

菜っ葉と厚揚げは相性抜群。油のうまみが小松菜を一層おいしくする

別鍋に煮汁Dのだし汁と調味料を合わせて厚揚げを入れ、中火で4分ほど煮て味を含ませる。小松菜を加えてさっと煮て火を止め、煮汁につけたまま冷まして味を含ませる。

さつま芋と切り昆布の煮もの

身を黄金色に美しく、皮を鮮やかな紅色に煮上げるには、焼きみょうばんとくちなしが欠かせません。みょうばんはアクによる変色を抑え、くちなしは冴え冴えした黄色に着色してくれます。昆布との相性がよいので、だしをとったあとの昆布をためておき、ムダにせず利用します。

材料4人分（口径21cmの行平鍋を使用）

さつま芋……1本（300g）
昆布（だしをとったもの）……80g
煮汁
- だし汁……2カップ
- 砂糖……大さじ3
- 淡口しょうゆ……大さじ2½
- しょうゆ……大さじ½
- 酒……大さじ1

レモン汁……大さじ1
●焼きみょうばん、くちなし

下ごしらえ

1 さつま芋は洗って皮つきのまま1.5cm厚さの輪切りにし、みょうばん水（水4カップに焼きみょうばん小さじ1を溶かす）に1時間浸す。

2 だしをとったあとの昆布は、縦にクルクル巻いて、小口より細く切る（市販の切り昆布を使うときは、25gをさっと洗って汚れを落とす）。

3 さつま芋を水洗いして鍋に入れ、かぶるくらいの水をはり、2つ割りにしたくちなし2個分を入れて中火で柔らかくゆでる。竹串が軽く通るようになればよい。

さつま芋
初夏から秋までは皮が薄くて水分の多い新もの、冬から翌春までは甘みの増した貯蔵ものが出回る。11月頃には関東産も出そろい、質量ともに充実する。細いものより太めのものが味がよい。

さつま芋を形よく重ねて盛り、煮汁をかけ、昆布を手前に盛る。

1

根菜類の決まりごと、調味料は砂糖から。まず甘みを含ませる

鍋に煮汁のだし汁と下ゆでしたさつま芋を入れて火にかける。小煮立ちになったら砂糖を加え、3～4分煮てから淡口しょうゆ、しょうゆ、酒を加えて10～12分煮る。

2

盛りつけも考えてさつま芋を片側に寄せ、昆布をまとめて入れる

さつま芋を脇に寄せて昆布を入れ、落としぶたをして弱火で約4～5分煮含める。このように鍋の中で材料別に分けて煮ることを「振り分け煮」という。

3

昆布にも味がつけばでき上がり

昆布を食べてみて味がついたかどうかを確認。味がついていなければさらに2～3分煮る。火を止める間際にレモン汁を回しかけ、味を引きしめる。

くちなし
右は秋に採れた新もの、左は乾燥品。いずれも半分に割って煮出して使う。

秋においしい煮もの

さばのみそ煮

みそ煮は、さばの脂肪分に甘めのみそ味が加わった
コクのあるおいしさが身上です。
あらかじめ練りみそを作って加える特別な手法で、
身はふっくらと柔らかく、煮汁はつやよく仕上がります。
さばのうまみを充分に生かしたいから、
だし汁はかつお節を使わず、昆布を浸して取る水だしで。

材料4人分
（口径21cmの行平鍋を使用）
さば……1尾（800g）
水だし
- 水……1カップ
- だし昆布……5cm

練りみそ
- 赤みそ……80g
- 砂糖……60g
- 酒……大さじ2

しょうが……30g
● 塩

さば（真さば）
一般にさばといえば「真さば」を指し、本さば、ひらさばとも呼ばれる。背中の波形模様の「さば紋」が特徴で、秋に最も脂がのる。夏に多く出回る「ごまさば」は別種で、体の側面にごまを散らしたような斑点がある。

下ごしらえ

1 水だしを作る。分量の水にだし昆布を入れ、30分ほど浸しておく。

2 さばは頭を落として内臓を除き、きれいに水洗いし、水気をふいて2枚におろす。皮に縦一文字に深く切り目を入れ、食べやすい大きさに切り分ける。

3 さばの両面に多めの塩をふり、塩がなじんだら熱湯に入れて霜ふりし、アクと生臭みを除く。

4 しょうがは皮をむいて薄切りにし、半量は細いせん切りにして水にさらし、針しょうがにする。

5 練りみそを作る。小鍋に練りみその材料を混ぜ合わせ、焦がさないよう気をつけながら、中火でつやが出るまで、手早く練る。

さばの皮目を上にして盛り、煮汁をはって針しょうがを飾る。

煮方と極意

1

皮の切り目にもワケがある。火が通ると身が縮み、皮が引っ張られて破れるのを防ぐ

鍋に水だしをはって中火にかけ、小煮立ちになったらさばの皮目を上にして入れる。皮目を下にすると、鍋底にくっついて破れやすくなり、皮目の切り目も効果がない。

2

練りみそを一度に加えて短時間で煮上げる

さばに練りみそを広げてかけ、薄切りのしょうがを散らし、ぬらした落としぶたをする。沸騰して落としぶたに煮汁が当たるようになれば、火を弱めて約10分煮る。

3

さばに火が通ればでき上がり。煮すぎると身が固くなりパサつくので注意する

さばの身がふっくら煮えていればよい。煮汁をからめながら食べる料理なので、みそ味を魚の中までしみ込ませようと長く煮る必要はない。煮上がり直後は煮汁につやがないが、すぐにつやが戻る。

さばのみぞれ煮

秋さばでもう一品

揚げたさばをたっぷりの大根おろしで煮てもおいしいもの。コクがあるのにさっぱりしています。あじやいわしなど、さば以外の青背の魚にも応用できます。

さば1尾は3枚におろし、腹骨をすき取り、小骨を骨抜きで抜き、3㎝幅に切って皮目に斜めに切り目を入れる。しょうゆ大さじ1をからめて下味をつけ、片栗粉をまぶして180℃の揚げ油でカラッと揚げる。煮立てた煮汁でさばを3～4分煮、水気をきった大根おろし400g分を加えてさっと煮る。仕上げに酢大さじ1を入れる。煮汁は、だし汁$1\frac{1}{2}$カップ、砂糖大さじ2、みりん大さじ1、淡口しょうゆ大さじ$2\frac{1}{2}$を合わせる。盛りつけるときに、さらしたわけぎを天盛りに。

秋においしい煮もの

金目の煮つけ

金目鯛は晩秋から冬にかけて脂がのる白身の魚です。小骨が少ないので調理がしやすく、食べやすいのも魅力。半身や切り身で売られることも多いので、新鮮なアラが手に入ったら、ぜひ併せて使いましょう。煮汁がおいしいので、れんこんをこっくり煮合わせます。

材料4人分
（口径21cmの行平鍋を使用）
金目鯛の切り身……2切れ
金目鯛のアラ……$\frac{1}{2}$尾分
れんこん……150g
実山椒（佃煮）……小さじ2
しょうが……10g
煮汁
- しょうゆ……$\frac{1}{3}$カップ
- みりん……$\frac{1}{3}$カップ
- 砂糖……大さじ2

玉酒
- 水……1カップ
- 酒……$\frac{1}{3}$カップ

●酢

金目鯛
名前の通り、金色の大きな目玉と赤い体色が特徴。金色の目と赤いウロコは鮮度のよいしるしでもある。切り身で求めるときは、身に透明感があり、切り口のきれいなものを選びたい。

下ごしらえ

1 れんこんは皮をむいて一口大の乱切りにし、薄い酢水につける。酢水ごと強火にかけ、煮立ったら火を弱め、七分通り柔らかくゆでてザルに上げる。

2 金目鯛の切り身は2～3つに切り分ける。アラは血や汚れをきれいに洗い落とし、水気をきり、目玉と胸ビレを中心に適宜切り分ける。

金目鯛とれんこんを盛り合わせ、煮汁をはる。

煮方と極意

1

煮魚の原則通り、煮立てた煮汁に入れ、魚のうまみを逃がさない

鍋に煮汁の調味料を入れて火にかけ、沸騰したところに金目鯛を入れ、薄切りにしたしょうがを入れる。

2

途中、様子を見ながら水と酒を混ぜた玉酒で煮汁の不足を補う

ぬらした落としぶたをして、煮汁が軽くふたに当たるほどの火加減で煮る。途中、煮汁が足りなくなるので、落としぶたの縁から玉酒を２回に分けて回しかける。

3

れんこんは魚が五分通り煮えてから加え、金目のうまみを含ませる

強火にして煮汁が落としぶたにかぶるようになってきたら、れんこんと実山椒を加える。

4

金目鯛においしそうな照りがつけば上々！

煮汁が常に全体に回るよう火加減を調節しながら７〜８分煮る。金目鯛の目が白く変わり、おいしそうな照りがついたら火を止める。

秋においしい煮もの

いかと焼き豆腐の煮もの

いかの煮ものは、時間をかけて柔らかく煮込む料理と、さっと煮からめて、いか本来の柔らかさや弾力を生かす料理の2通りがあります。
これは、煮汁でさっと煮からめる照り煮の手法です。いかのうまみを焼き豆腐にも吸わせて盛り合わせ、緑のほうれん草も添えた、栄養バランスもよい煮ものです。

材料4人分
(口径21cmの行平鍋を使用)

するめいかの胴……2はい分
焼き豆腐……1丁
煮汁A
- しょうゆ……大さじ5
- みりん……大さじ6
- 砂糖……大さじ3
- 酒……大さじ1

- だし汁……大さじ2
- 砂糖……大さじ1

ほうれん草……1/2わ
煮汁B
- だし汁……1カップ
- 砂糖・酒……各大さじ1
- 淡口しょうゆ……大さじ1 1/2

● しょうが
● 塩、片栗粉

下ごしらえ

1 いかの胴は甲(軟骨)を抜いて水洗いし、エンペラをはずしながら皮をむく。胴を開いて横4cmに切り、表身に松笠状に切り目を入れる。目ザルに入れて、塩ひとつまみを加えた熱湯で霜ふりし、短冊形に切る。
2 ほうれん草は塩ひとつまみを加えた熱湯で色よくゆでて水にさらし、水気を絞って2cm長さに切る。
3 焼き豆腐は縦2等分に切り、小口から1cm厚さに切る(小袖切り)。
4 天盛り用のしょうがは、皮をむいてごく細いせん切りにし、水にさらして針しょうがを作る。

いかと焼き豆腐、ほうれん草を盛り合わせ、いかと豆腐にくずあんをかけ、針しょうがを天盛りにする。

1

いかは煮すぎは禁物。煮るというより煮汁をからめる感覚で

鍋に煮汁Aのしょうゆ、みりん、砂糖、酒を合わせて中火にかける。煮立ったらいかを入れ、１分程度煮てすぐに引き上げる。続いて焼き豆腐を入れ、落としぶたをして弱火で２～３分煮て味を含ませる。

2

ほうれん草はいかの煮汁では濃すぎるので、別に作る

別鍋に煮汁Bのだし汁と調味料を合わせてひと煮立ちさせ、ほうれん草を入れて火を止め、味を含ませる。

3

小鍋に焼き豆腐の煮汁を移し、水溶き片栗粉でとろみをつけてくずあんを作る

小鍋に焼き豆腐の煮汁を移し入れて火にかけ、だし汁と砂糖を加えて煮立て、水溶き片栗粉(片栗粉大さじ１を同量の水で溶く)を加え、なめらかなとろみをつける。

するめいか
市場で一般に姿のまま売られるいかは、“するめいか”と“やりいか”が主流。肉厚なするめいかは夏から秋が旬で、冬から春には、身の柔らかいやりいかが出回る。するめいかは濃い赤褐色の体色で、目が黒く澄んでいるものが鮮度のよいしるし。

秋においしい煮もの

えのき茸の当座煮

いわば自家製「なめ茸」というところ。良質なえのき茸が手に入ったら、ぜひチャレンジを。むずかしいテクニックは何もありません。調味料の配合が、おいしさの決め手です。

材料 4人分
(口径18cmの行平鍋を使用)

えのき茸……300g
煮汁
- だし汁……$\frac{1}{2}$カップ
- 砂糖……小さじ1
- みりん・酒……各大さじ1
- しょうゆ……大さじ$1\frac{1}{2}$
- 淡口しょうゆ……大さじ$\frac{2}{3}$
- 塩……少々

煮方と極意

下ごしらえ
えのき茸は石づきのおがくずの部分を切り取り、軸をほぐしておく。

1

だし汁と調味料は合わせておき、全部を一度に入れてしまう
鍋に煮汁のだし汁と調味料を合わせて火にかけ、煮立ったら、ほぐしたえのき茸を加えて菜箸でいりつける。

2

浮いたアクはすくい取り、クタクタになるまで煮る
途中、浮いてくるアクを取り除き、弱火で味が含むまで煮る。火が通りやすい素材なので6～7分でよい。

秋においしい煮もの

しめじのかか煮

だしがらの削りがつおをいり合わせて作る風味のよい常備菜。きのこの水分も飛ばすようカラッといり上げます。

材料4人分
(口径21cmの行平鍋を使用)

しめじ……200g
- 酒……大さじ2
- 塩……少々

かつお節のいり煮(約¾カップ分)
- だしがらの削りがつお……40g
- 梅干し……1個
- しょうゆ……小さじ2
- 酒……大さじ1½
- みりん……小さじ2
- いり白ごま……小さじ2
- 青のり粉……小さじ1

だし汁……大さじ3強
淡口しょうゆ……小さじ1

下ごしらえ

1 かつお節のいり煮を作る。だしがらの削りがつおを包丁で細かく叩き、梅干しは種を除いて皮ごと細かく叩く。鍋に削りがつおを入れて、束ね箸(箸4～5本を持つ)で空いりし、梅干しと調味料を加え、鍋を動かしながらホロホロにいり、ごまと青のり粉を混ぜて火を止める。

2 しめじは石づきを切り、1本ずつにして大きいものは横半分に切る。

煮方と極意

1

しめじは酒塩いりにして下味をつけておくと、調味料となじみやすくなる

鍋にしめじを入れ、酒と塩をふりかけて中火で軽くいり、下味をつける。ここにかつお節のいり煮大さじ6とだし汁を加え、いりつけて水分を飛ばす。

2

仕上げに淡口をひとふり! 香ばしい風味が加わってひと味アップに

さらさらにいり上がったら、仕上げに淡口しょうゆを加えてさっと混ぜ合わせ、火を止める。冷ましてから保存容器などに入れる。

冬においしい煮もの

鯛かぶら

「鯛かぶら」は京都の代表的なお総菜で聖護院かぶや天王寺かぶなど、冬の甘い大かぶを鯛の切り身やアラと炊き合わせます。かぶは大根に比べると火の通りが早いので火加減や時間に気をくばり、濃く煮しめないことがコツ。

材料4人分

（口径21㎝の行平鍋を使用）

真鯛の切り身……4切れ

聖護院かぶ……$\frac{1}{2}$個（約800g）

煮汁

- だし汁……$3\frac{1}{2}$カップ
- 酒……$\frac{2}{3}$カップ
- 砂糖……大さじ1
- 淡口しょうゆ……大さじ$2\frac{1}{2}$
- しょうゆ……大さじ$1\frac{1}{2}$
- みりん……大さじ1

●柚子

●塩

かぶ

聖護院かぶは関西を中心に出回る大型種で、直径15～20㎝位のものが喜ばれる。肉質はきめがこまかく、甘みがある。一般にかぶと呼ばれるのは小かぶで、秋から冬にかけておいしくなる。葉がみずみずしく、つやのあるものは鮮度がよい。

下ごしらえ

1 鯛は食べやすく切り、目ザルに入れて薄く塩をふり、熱湯に入れて霜ふりにし、水にとって皮目に残ったウロコを指先で取る。

2 かぶは食べやすい大きさの扇面に切り分け、皮を厚めにむき、面取りをする。

鯛とかぶを形よく盛り合わせ、煮汁をはり、柚子の皮のせん切りを天盛りにする。

1

かぶの下ゆでは不要。鯛と一緒にだし汁で柔らかくゆでる

鍋にかぶとだし汁を入れて中火にかけ、落としぶたをして約10分煮る。かぶが柔らかくなり、竹串が通るようになったら、鯛の切り身を入れて煮る。

2

色は薄めに味はきりっと仕上げたいから、しょうゆは淡口と濃口を併用

鯛に火が通ったら砂糖、酒、しょうゆ、みりんで調味する。ここでは色目と味のバランスを考えて、しょうゆは淡口しょうゆと普通のしょうゆ(濃口)を合わせて使う。

3

かぶは煮くずれやすい。火加減をしながら煮含める

再び落としぶたをして、かぶと鯛に味が入るまで中火で6～7分煮る。火を止めて冷ますと味がさらにしみる。冷ました場合は食べるときにもう一度火を入れる。

かぶで手軽な煮もの

小かぶの炒め煮

ごま油で炒めるとかぶの料理もひと味違います。香ばしい焼き油揚げを炊き合わせた、簡単で気のきいたおかず。

小かぶ1わを茎を2cmつけて葉を切り、皮を縦にむいて4つ割りにする。葉は4cm長さに切る。油揚げ2枚を網で軽く焼き、三角形に切る。かぶをごま油大さじ2で炒め、かぶに透明感が出てきたら葉と油揚げを加え、葉がしんなりするまで炒める。ここにだし汁2カップ、砂糖・しょうゆ各大さじ$2\frac{1}{2}$を加えて中火で約5分、かぶに味が含んで全体につやが出るまで煮る。

冬においしい煮もの

ぶり大根

ぶりのおいしい寒の時期は、みずみずしい冬大根が旬。しょうゆの風味を生かした「ぶり大根」は、昔ながらの取り合わせ。先人の知恵といえます。ぶりのうまみがしみ込んだ大根のおいしいこと！それには、ぶりのアラは鮮度のよいものであること。出てくるアクはていねいに取り除くこと、そして大根は、べっ甲色になるまで煮含めることです。

材料4人分
（口径21cmの行平鍋を使用）

ぶりのアラ……400g
大根……½本（約500g）
しょうが……30g
煮汁
- だし汁……3カップ
- 砂糖・酒……各大さじ2
- しょうゆ……大さじ3½

●塩、米のとぎ汁

冬大根
寒さを迎える頃の大根は、甘みが強く特有のおいしさになる。一般には青首系が主流だが、関東では、少量だが、煮ものに最適な三浦大根や大蔵も出回る。保存するときは、葉を切り落として別々に保存を。葉をつけたままにすると根から水分が移動し、スが入る。

下ごしらえ

1 大根は2cm厚さに切って皮をむき、大きいものは半月形に切り、角を面取りする。鍋に入れて米のとぎ汁をたっぷりはり、30～40分ゆでる。竹串が軽く通るようになれば火を止め、ゆで汁につけたまま冷ます（湯止め）。湯止めすることで、大根のえぐみが取れ、甘みが引き出せる。

2 ぶりのアラは一口大のぶつ切りにし、目ザルに入れて薄塩をふり、約10分おいて塩がなじんでから、熱湯につけて表面が白く変わるまでしっかり霜ふりにする。

3 しょうがは皮をむき、半分はごく細いせん切りにし、水にさらして針しょうがを作り、残りはすりおろす。

器に盛って煮汁をはり、針しょうがを天盛りにする。

煮方と極意

1

大根にぶりのうまみを含ませるには、だし汁で大根の芯まで温める

大根が冷めたら流水で洗い、ぶりとともに鍋に入れ、だし汁をはって強火にかける。落としぶたをし、大根とアラが温まるまで火を通す。ここで、大根とアラが同じくらいの温度になっていることが大切。同じ温度になると味の移行が始まる。

2

調味料を加えたら、火加減をしながらクツクツと煮る

だし汁が煮立ったら、まず砂糖と酒を加え、中火で約４分煮て甘みを含ませる。次にしょうゆを加え、落としぶたをして中火で約15分煮る。落としぶたは鍋の中の温度を上げ、少ない煮汁を全体に回す効果がある。

3

煮汁がほぼ半分になれば煮上がり。火加減にも注意

煮汁が減ってきたら鍋を傾けてすくいかける。中火で煮始めたが、濃度がつくと煮立ちやすいので、様子を見て火を弱める。煮汁がほぼ半量になるまで煮る。

4

つゆしょうがでぶりのうまみを引き立てる

煮上がったら火を止め、おろしたしょうがを絞りかけ(つゆしょうが)、ぶりのうまみを引き立てる。しょうがを入れてから火にかけると味が変わってしまうので、必ず火を止めてから入れる。

白菜包み きのこあんかけ

白菜は外側の大きな葉と芯に近い小さな葉では、食感や味が違います。芯に近い葉だけを使った白菜包みは、甘くて上品な味わい！

汁を濁らせずすっきり仕上げたいので
さっと蒸して肉だねに火を通してから、弱火で静かに煮含めます。

材料4人分
（口径21cmの行平鍋を使用）

白菜の芯の葉……12枚

肉だね
- 鶏ひき肉……150g
- 砂糖……小さじ2
- しょうゆ……小さじ1
- 塩……小さじ1/3
- 溶き卵……大さじ1
- パン粉……60g

煮汁
- だし汁……2カップ
- 砂糖・みりん……各大さじ1
- 淡口しょうゆ……小さじ2
- 塩……小さじ1/2

しめじ……100g

- 柚子
- 片栗粉

白菜
白菜は年中出回るが、秋から冬にかけて甘みが増して一段とおいしくなる。丸ごと買うときは、外葉が緑で巻きがよく、持ち重りするものを。カットした白菜は断面を見て、黄色の部分が多く、葉が密生しているものを。

下ごしらえ

1. 白菜は熱湯でさっとゆで、ザルに上げて冷ます。あとの湯でしめじをさっとゆでる。しめじは石づきを切って大きいものは長さを半分に切る。
2. ボウルに肉だね用の鶏肉と調味料、溶き卵を入れてよく練り合わせ、パン粉を加えて混ぜる。
3. 白菜の内側を上にし、等分に分けた肉だねをのせて包み、形を整えてとじ目を下にしてバットに並べる。湯気の立った蒸し器に入れて7～8分蒸す。

（器に白菜包みを盛り、きのこあんをかけ、柚子の皮のせん切りを天盛りにする。）

煮方と極意

決してグラグラ煮立てない。肉だねが飛び出さないよう、弱火で静かに煮る

鍋に煮汁のだし汁と調味料を合わせて火にかけ、小煮立ちになったら白菜包みを並べ入れ、弱火で10分ほど煮る。強火でグラグラ煮立てると、肉だねがはずれたり、汁が濁ったりしてしまうので注意。白菜に味が入ったら取り出す。

煮汁できのこあんを作る。とろみをつけてからしめじを加えるだけ

煮汁を煮立てた中に片栗粉小さじ２を同量の水で溶いて回し入れ、薄くとろみをつける。ゆでておいたしめじを加えてさっとかき混ぜる。

白菜の外葉でもう一品

白菜と干し貝柱の煮びたし

白菜をたっぷり食べたいときにどうぞ。水煮の貝柱も手軽でよいのですが、干し貝柱を使うと一段と美味です。

干し貝柱30ｇは$1\frac{1}{2}$カップの水に半日位つけてもどし、粗くほぐす。白菜400ｇを４cm長さの縦細切りにし、塩ゆでしておく。鍋に水気を絞った白菜、貝柱とつけ汁を入れて７～８分煮、淡口しょうゆ・みりん各小さじ２、塩小さじ１で調味する。

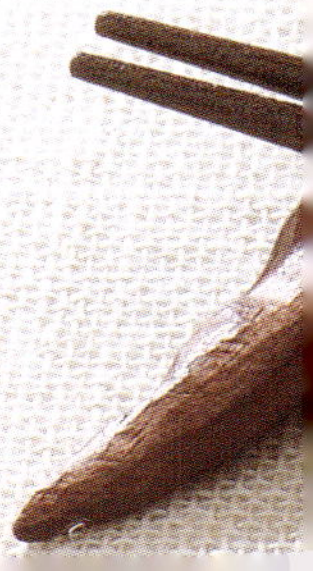

かき豆腐

コトコトと煮込むわけではないのですが、煮もののバリエーションのひとつです。豆腐もかきも、火を通しすぎてはまずいので、熱い煮汁の中でゆっくり温めるという煮方です。卵衣をつけたかきを焼いて仕上げますが、このひと手間が効果的なのです。

材料4人分（口径21cmの行平鍋を使用）

木綿豆腐……1丁
かき……8個
衣〈卵1個、削りがつお4g、片栗粉・水各小さじ1〉
煮汁
- だし汁……$1\frac{1}{3}$カップ
- 砂糖・しょうゆ……各大さじ2
- 淡口しょうゆ……大さじ$1\frac{1}{2}$
- みりん・酒……各大さじ1

大根……200g
長ねぎ……9cm
あさつき……2本
●塩、酒、片栗粉、サラダ油

下ごしらえ

1 かきは目ザルに入れて塩水の中でふり洗いし、水気をよくきり、塩少々と酒大さじ1に10分ほどつけておく。豆腐は4等分する。

2 削りがつおは鍋に入れて空いりし、ふきんに包んでもみほぐして粉節《こぶし》にする（18ページ参照）。使う直前に溶いた卵、水溶き片栗粉と混ぜ合わせて衣を作る。

3 大根は皮をむいてすりおろし、軽く水気をきる。ねぎは3cm長さの細いせん切りにし、ふきんに包んで流水で軽くもみ、さらしねぎを作る。あさつきは小口切りにしてさらしねぎと混ぜる。

豆腐の上にかきを盛り、
煮汁をたっぷりかけ、
大根おろしと
さらしねぎを天盛りにする。

1

煮汁はグラグラ煮立てない。豆腐もかきも温まればよい

煮汁のだし汁と調味料を合わせて火にかけ、小煮立ちになったら豆腐を並べ入れ、豆腐が温まったらかきを加える。かきは身が固くならないよう1～2分でさっと取り出して汁気をきる。

2

煮汁をからめたかきをフライパンで焼きつけ、衣でうまみを包み込む

フライパンを温めて油少々をひき、かきに衣をつけて並べ入れ、片側が焼けたら形を整えて裏返し、両面を焼く。

3

とろみをつけた煮汁が豆腐とかきをつなぎ、口中で一体化する

煮汁から豆腐を取り出して器に盛っておく。あとに残った煮汁に水溶き片栗粉（片栗粉小さじ1を倍量の水で溶く）を加えてとろみをつける。このときの火加減は弱火。木じゃくしで混ぜながら加えると、なめらかなとろみがつく。

かき

日本のかきはほとんどが真がきの養殖で、秋冬のものは身も大きく味も濃い。夏に出回るかきは岩がきで別品種。むき身は、黒い縁の部分がはっきりしているもの、袋がふっくらしていて柱が大きいものが良品。

冬においしい煮もの

豚の角煮

蒸すこと3時間、煮ることおよそ40分、覚悟を決めて作っていただきたい。豚肉は赤身と脂肪が層になったバラ肉が最適で角煮では余分な脂を落とすことに工夫を凝らします。大根おろしをペタペタ貼りつけて蒸すのはそのため。「追い砂糖」という手法でさらにつやよく煮上げます。

材料4人分

（口径21cmの行平鍋を使用）

豚バラ肉（塊）……700g
大根おろし……1/2本分
ごぼう……1/2本
煮汁
　だし汁……2 1/2カップ
　砂糖……大さじ5
　しょうゆ……大さじ4
酒……大さじ3
● 練り辛子、一味唐辛子
● 砂糖、竹の皮

豚バラ肉
腹側の肉で、赤身と脂肪が三層くらいになっているため、三枚肉とも呼ばれる。脂肪に風味があり、コクのあるおいしさ。求めるときは脂肪が白く、赤身との層が明確なものを。

下ごしらえ

1 竹の皮に大根おろしの半量を敷いて豚肉をのせ、残りの大根おろしでおおい、竹の皮で包んで2か所を縛る。バットにのせて湯気の立った蒸し器に入れ、3時間蒸す。蒸す時間が長いので必ず途中で湯の量を確認し、少なくなったら熱湯を足す。竹の皮の上から竹串を刺してみて、スッと通れば肉が柔らかくなっている。

2 たっぷりのぬるま湯に肉を取り出して、大根おろしを洗い落とす。肉が冷めたら大きく切り分ける。

3 ごぼうは皮を包丁の背でこそげ落とし、ささがきにして水に10分ほどさらす。

角煮とごぼうを盛って
少量の煮汁をはり、
角煮には練り辛子を添え、
ごぼうには一味唐辛子をふる。

1

柔らかく蒸した豚肉だから、ただちに味をつけた煮汁で煮始める

鍋に煮汁のだし汁と調味料を入れて中火にかける。砂糖が充分に溶けたら、豚肉をゆったり入れる。

2

火加減は小煮立ちより少し強めの煮立ち具合に。箸でちぎれるまで煮る

ぬらした落としぶたをし、中火と弱火で調節して20～30分煮る。煮汁の濃度が高くなると、沸騰しやすくなるので、途中から火加減を弱めてコトコト煮る。

3

煮上がり際に追い砂糖を。この時点での砂糖は甘みづけよりつや出し効果

煮汁が半分に煮つまったところで砂糖大さじ1を加えてざっと混ぜる。「追い砂糖」といい、豚肉や煮汁に照りを出す効果がある。

4

強火で瞬間煮立てると、よりつやが出る

強火にして1～2分煮立て、照りをつけたら肉を取り出す。残った煮汁には水気をきったごぼうを入れ、さっと煮からめる。

手羽元とごぼうのうま煮

骨つきの手羽元は、肉もたっぷりついていて食べごたえがあり、若い家庭にも人気があります。小玉ねぎや芽キャベツなどとも相性がいいのですが根菜類の充実する季節には、ごぼうと炒め煮にします。コツは汁が引く一歩手前まで煮つめること！ごぼうの香りのいきた、こっくりしたうま煮になります。

材料4人分
（口径21㎝の行平鍋を使用）

鶏手羽元……8本
ごぼう……1本
煮汁
- だし汁……$2\frac{1}{2}$カップ
- 砂糖……大さじ$3\frac{1}{2}$
- 酒……大さじ3
- しょうゆ……大さじ3
- みりん……大さじ1

●サラダ油

ごぼう
新ごぼうが採れるのは6〜7月頃だが収穫最盛期は晩秋で、最も多く出るのは12月。ごぼうの香り、おいしさを味わうには泥つきがよい。太さが一定でまっすぐなもの、ひげ根の少ないものが良質。

下ごしらえ

1 手羽元は、食べやすいように太いほうに切り目を1本入れ、目ザルに入れて熱湯で霜ふりにする。熱湯で霜ふりすることでアクが取れる。

2 ごぼうは皮を包丁の背でこそげ取り、大きめの乱切りにして水で洗う。

煮方と極意

1

手羽元とごぼうを炒め、コクをつける
鍋に油大さじ$1\frac{1}{2}$を入れて熱し、手羽元と水気をきったごぼうを入れ、鍋を動かしながら強火で炒める。手羽元の表面に薄く焼き色がつくまで炒めたい。

2

強火で煮立て、アクが浮いてきたらていねいに除く
煮汁のだし汁を加えて強火にかけ、アクが浮いてくれば取り除く。ここでアクを除かないと煮汁の中に入ってしまい、雑味が残る。中火にして5分ほど煮る。

冬

熱いうちに器に盛る。
好みで一味唐辛子をふる。

3

調味料は砂糖から。甘みが入ったらしょうゆとみりんを

手羽元にある程度火が入ったところで、まず砂糖と酒を加えて3〜4分煮る。甘みが入ったところで、しょうゆとみりんを加えてさらに煮る。

4

ここまで煮つめる!煮汁はほとんどない状態

焦がさないように、火加減を調節しながら、煮汁が煮つまって手羽元に照りがつき、周囲の泡が目立ってきたら火を止める。焦げやすいのでコンロの前から離れない。

鮭と大根の粕煮

煮汁もたっぷり！
汁もの感覚で食べる粕煮。
材料の下ゆでをすませ、
味がなじむ程度に煮ます。
少々手間ですが、上品な味で
もてなしに向きます。
鮭の持ち味を生かして
水に昆布を浸した水だしで。

材料4人分
（口径21cmの行平鍋を使用）

- 塩鮭……3切れ
- じゃが芋……2個
- 大根……300g
- にんじん……120g
- 絹さや……8枚
- こんにゃく……1/2枚
- 水だし
  - 水……5カップ
  - だし昆布……15cm
- 酒粕（練り粕）……150g
- 塩……約小さじ1
- 淡口しょうゆ……小さじ1
- ●塩

下ごしらえ

1 水だしを作る。分量の水にだし昆布を入れて30分浸し、昆布を引き上げる。

2 塩鮭は切り身を4つに切る。

3 じゃが芋は皮つきのままゆでて8つに切り、皮をむく。

4 大根とにんじんは皮をむいて2×4cmの棒状に切り、水から柔らかくゆでる。

5 絹さやは筋を取り、塩をひとつまみ入れた熱湯で色よくゆで、水にとる。こんにゃくは1cm幅の短冊形に切り、中央に切り目を入れて端をくぐらせ、手綱こんにゃくにし、熱湯でゆでてアクを抜く。

煮方と極意

1
酒粕もみそこしで溶き入れると簡単
鍋にゆでたじゃが芋、大根、にんじん、こんにゃくを入れ、水だしを注いで強火にかけ、煮立ったら酒粕をみそこしで溶き入れる。

2
煮汁はあえて煮つめずに、風味を生かす
酒粕が溶けたら鮭を加えて4～5分煮、味見をして鮭の塩辛さを確認し、塩と淡口しょうゆで加減しながら味をととのえる。火を止める間際に絹さやを入れる。

冬においしい煮もの

牛肉と野菜の飛鳥煮

だし汁と牛乳で作る、いわば和風シチュー。バターを使わないさっぱり味です。白く仕上げたいので材料は別ゆでに。牛乳が分離しないように煮すぎないこと。

材料4人分
（口径18cmの行平鍋を使用）

牛薄切り肉（ロース）……200g
玉ねぎ……$\frac{1}{4}$個
カリフラワー……　個
ブロッコリー……$\frac{1}{4}$個
大根……100g
にんじん……50g
こんにゃく……$\frac{1}{3}$枚
だし汁……$2\frac{1}{2}$カップ
牛乳……$1\frac{1}{2}$カップ
赤みそ……30g
塩……少々
●粒黒こしょう
●小麦粉、塩

下ごしらえ

1 玉ねぎは根の部分を切り取り、縦に薄切りにする。

2 カリフラワーとブロッコリーは小房に切り分け、カリフラワーは熱湯で、ブロッコリーは塩を加えた熱湯でゆでる。

3 大根とにんじんは皮をむき、厚めの短冊切りにし、水から柔らかくなるまでゆでる。

4 こんにゃくは小さくちぎり、熱湯で2～3分ゆでてアクを抜く。

煮方と極意

1

牛肉から出るアクをていねいにすくい取る。雑にすると汁が濁る

鍋にだし汁をはり、下ゆでした野菜とこんにゃく、玉ねぎを入れて強火にかける。ひと煮立ちしたら火を弱めてみそを溶き入れ、再び煮立ったら5～6cm幅に切った牛肉を加える。浮いてくるアクをていねいにすくい取る。

2

牛乳を加えてからは煮すぎは禁物！煮すぎると汁が分離する

アクを取り終わったら牛乳を注いでざっと混ぜ、塩で味をととのえる。牛乳を加えてからは煮すぎないこと。モロモロの状態に分離してしまう。器にたっぷり盛り、黒こしょうを包丁で粗く刻んでふる。

お正月の煮もの

筑前煮

鶏肉、里芋、にんじん、れんこん、こんにゃくなどいろいろな材料を炒めて煮込んだ、滋味豊かな煮ものです。冷めてもおいしいので、正月の煮ものとして喜ばれます。おいしく作るコツは幾つかありますが、まず材料の切り方。大きさをそろえて火の通りを均一にします。アクの強い野菜などは水や酢水にさらすこと。煮る途中で浮いてくるアクを、きちんと取り除くこと。

材料4人分（口径24cmの行平鍋を使用）

鶏もも肉……300g
里芋……4個
にんじん……150g
ごぼう……1/2本
れんこん……150g
こんにゃく……1/2枚
干し椎茸……4枚
絹さや……16枚
煮汁
　だし汁……2 1/2カップ
　砂糖……大さじ6
　しょうゆ……大さじ4 1/2
　淡口しょうゆ……大さじ1
　酒……大さじ3
　みりん……大さじ2
●焼きみょうばん、酒、酢、塩、ごま油

下ごしらえ

1 干し椎茸はたっぷりの水につけて充分にもどしておく。4時間から一晩はつける。軸を除いて半分に切る。

2 鶏肉は一口大に切り、酒少々をふりかけておく。

3 里芋は皮をむいて一口大の乱切りにし、みょうばん水（水4カップに焼きみょうばん小さじ1を溶かす）に30分浸し、洗う。にんじんは縦半分に切って乱切り、ごぼうは包丁で皮をこそげて乱切りにし、水につける。れんこんは皮をむき、4つ割りにして乱切りにし、薄い酢水につける。

4 絹さやは筋を取り、塩ひとつまみを入れた熱湯で色よくゆで、水にとって斜め半分に切る。こんにゃくは指でちぎり、熱湯でゆでてアクを抜く。

大鉢などにたっぷり盛る。
重箱や保存容器に詰めるときは、
粗熱が取れてから入れる。

1

野菜、こんにゃく、鶏肉を順に炒める。肉は熱くなった鍋肌につきやすいので注意

鍋にごま油大さじ２を熱し、水気をきった里芋、根菜、こんにゃくを強火で炒める。里芋の角が透き通った感じになったら、椎茸、鶏肉を炒め合わせる。このとき、肉は熱い鍋肌にくっつきやすいので、野菜の中央に置いて混ぜていく。

2

まず砂糖で味つけ。甘みを含ませてからしょうゆを加える

鶏肉が白く変わったら煮汁のだし汁を入れ、中火にして煮る。途中、浮いたアクは取り除く。里芋が柔らかくなったら砂糖を加えて３～４分煮る。

3

アクをていねいにすくう。材料にアクが入り込むと、すっきりした味にならない

次にしょうゆ、淡口しょうゆ、酒を加え、落としぶたをして中火で煮る。途中、浮いてくるアクをていねいに取り除く。

4

仕上げにみりんで照りをつける

煮汁が半量以下になったらみりんを加え、強火にしてざっと混ぜ、照りを出す。みりんは照りがつくと同時にほのかな甘みが加わる。最後に絹さやを加え、軽く混ぜてすぐに火を止める。

黒豆

黒豆は、数の子や田作りとともに
正月の「三肴《みつざかな》」。
マメに暮らせるようにとの縁起もの。
みつだけで煮含めたこの黒豆は
黒豆の持ち味がいきています。
漆黒の色合いと、柔らかさが特徴。

器に盛り、ちょろぎを飾る。

材料４人分
（口径21cmの行平鍋を使用）

黒豆……3カップ

みつ
- 砂糖……3カップ
- 水……2カップ

- ちょろぎ
- 重曹

下ごしらえ

1 黒豆は洗って大きめの鍋（あれば鉄鍋）に入れ、重曹小さじ1を入れて熱湯6カップを注いで一晩おく。翌日、色の染まった汁のまま中火にかける。初めにムクムクとアクが湧くので、このアクを取り除く。その後、アクを取りながら弱火で5~6時間煮る。途中、煮汁が足りなくなるので水を足す。

2 豆を指で軽く押さえてつぶれるようになったら、豆がヒタヒタになるまで煮汁を煮つめて色をもどし、火を止めて人肌になるまでそのまま冷ます。

3 行平鍋にみつの材料を合わせて火にかけ、人肌まで冷ます。

4 2の豆をぬるま湯に移し、皮を破らないように、重曹の煮汁を洗う。

煮方と極意

黒豆
外皮の黒い大豆の一種。全国各地で栽培されるが、京都から兵庫県にかかる丹波地方や、北海道の十勝平野のものが良質とされる。写真は最高品質の丹波の黒豆。粒のそろった、新豆が煮えやすい。

1

人肌に冷ましたみつに人肌の黒豆をつける

人肌に冷ましたみつに、水気をきった黒豆を入れる。半紙などで紙ぶたをし、弱火にかけて3～4分煮る。火を止めて、一晩おく。

みつを沸かして糖度をアップ。紙ぶたをして空気を遮断

翌日、黒豆をみつから取り出してボウルに移す。みつは火にかけて軽く煮つめ、アクをすくう。人肌まで冷ましたら黒豆に加え、紙ぶたをして冷蔵庫に入れる。翌日から食べられる。

2

お正月の煮もの

昆布巻き

身欠きにしんを芯に巻いたスタンダードな昆布巻き。生干しにしんを使うので、もどす手間がいりません。砂糖を多く使いますが、昆布とにしんに吸収されてちょうどよい濃さに仕上がります。

材料 4人分

早煮昆布（口径18cmの行平鍋を使用）
早煮昆布（幅広のもの）……2〜3枚
身欠きにしん（生干し）……2本
かんぴょう（細めのもの）……25g
煮汁A
　水……3カップ
　酢……大さじ1
　酒……大さじ3
煮汁B
　砂糖……大さじ6½
　しょうゆ……大さじ3½
砂糖……大さじ1
しょうゆ……小さじ1
●番茶の葉、塩

早煮昆布
昆布は種類が多いが、用途からはだし昆布、煮昆布に分けられる。煮昆布の主なものは長昆布で、早煮昆布はその加工品。煮昆布を一度蒸してから乾燥させたもので、短時間で煮える。

下ごしらえ

1 早煮昆布は水に浸してすぐに盆ザルに上げ、しんなりしたら5cm長さに切る。
2 身欠きにしんは頭を落として4cm長さに切り、縦半分または3つぐらいに切り、番茶の葉大さじ1を入れた熱湯で2〜3分ゆで、水洗いしてザルに上げる。
3 かんぴょうは長いまま水洗いして塩でもみ、20分おいてから再び水洗いし、熱湯で約3分ゆでる。
4 にしんを芯にして昆布で巻き、かんぴょうを2巻きして軽く結ぶ。固く結びすぎると味がしみにくい。

煮方と極意

1

昆布巻きを水で煮て調味料を入りやすくすることが必要

昆布巻きは結び目を下にして鍋に入れ、煮汁Aの材料を入れ、落としぶたをし、中火で約10分煮る。途中、浮いてくるアクは取り除く。

2

煮上がりに追い砂糖としょうゆを少々。照りと風味が加わる

昆布が柔らかくなったら、煮汁Bの砂糖を加える。中火で約5分煮たのちしょうゆを加え、汁がほぼなくなるまで約15分煮込む。煮上がり際に、砂糖としょうゆを加え、鍋返しをして照りを出す。

栗きんとん

お正月の口取りの代表的なもの。さつま芋は黄金色の金時を選びましょう。冷めてちょうどよい固さに仕上げるための火の止めどころを確認してください。

材料　作りやすい分量
（口径21cmの行平鍋を使用）
栗の甘露煮（びん詰）……12個
さつま芋（金時）……500g
砂糖……230g
栗の甘露煮のみつ……大さじ2
みりん……大さじ2
●焼きみょうばん、くちなし

下ごしらえ

1 さつま芋は1cm厚さの輪切りにし、皮を厚めにむき、みょうばん水（水4カップに焼きみょうばん小さじ1を溶く）に30分浸しておく。

2 鍋に洗ったさつま芋を入れてかぶるくらいの水を加え、2つ割りにしたくちなしを入れ、中火にかけて柔らかくゆでる。竹串を刺してみてスッと通るようになればよい。さつま芋を取り出し、熱いうちに裏ごしする。

3 きれいな鍋に裏ごししたさつま芋、砂糖、甘露煮のみつを入れ、火にかける前に、ダマのないように練り合わせておく。

煮方と極意

1 初めは強火、つやが出たらとろ火にしてゆっくり練る

芋の入った鍋を強火にかけ、木じゃくしで手早く練る。少しつやが出てきたらごく弱火にし、焦がさないようにゆっくり練り混ぜ、栗の甘露煮を加えてさらに練る。

2 一文字を書いてみて、すぐに消えるようならちょうどよい固さ

きんとんは冷めると固くなるので、ゆるめに練り上げる。一文字を書いてみてすぐに消えるくらいの柔らかさがよい。最後にみりんを加えてつやよく練り上げ、バットなどに広げて冷ます。一気に空気に触れさせることで、色が冴える。

お正月の煮もの

きんかんの甘露煮

ふっくら甘く煮上げたきんかんも
おせちには欠かせません。
皮の渋みを上手に除くことがポイント。
酸味や芳香を損なわないように按配よく。

材料4人分
（口径18㎝の行平鍋を使用）
きんかん……12個
みつ
［水……1カップ
［砂糖……120g

きんかん
旬は11～3月で、年末にはおせち用に葉つきのきんかんも出回る。種類は幾つかあるが、20g位の大粒がよい。皮ごとそのまま食べたり、甘露煮にするので、皮に傷のないふっくらしたものを選ぶ。

下ごしらえ

1 きんかんは水できれいに洗い、皮に縦の切り目を6～7本入れ、軽く指で押して切り目を開き、竹串で種を取り除く。

2 大きめの鍋にきんかんを入れてたっぷりの水を加え、強火にかける。ひと煮立ちしたら中火にし、ゆで汁が少し濁るくらいまで4～5分ゆでてアクを抜き、ザルに上げる。

煮方と極意

1

煮立てたみつの中で静かに煮含める

鍋にみつの材料を合わせて煮立て、下ゆでしたきんかんを入れ、紙ぶたをして弱火で静かに煮る（約8～10分）。

2

みつが煮つまり、とろみとつやが出てくれば火を止める

みつが3割程度減り、とろみがついた状態。ここで火を止め、きんかんをみつにつけたまま冷ます。

2章

いつでも旬の煮もの

豆腐や乾物、乾燥豆など、年中無理なく手に入る素材を使った、ぜひ覚えてほしい煮ものを集めました。地味ながら体にやさしく滋養もあって、しみじみとしたおいしさは、まさに家庭の味、おふくろの味です。冷めてもおいしく、保存がきくなど、昔からの台所仕事のよさを受けついで、時間が料理するものにも取り組んでみてください。

切り干し大根の煮ものや、ひじきの煮ものなどは、お総菜屋さんで買うものと思っている若い方も多いようですが、家庭でも上手にできる、いえ、家庭だからおいしく、安心の味が生まれるのです。煮方と極意でポイントをつかみ、定番料理に加えてほしいものです。

いり豆腐

「そぼろけんちん」とも呼ばれます。
豆腐と野菜の炒め煮ですが、
しっとりした食感が持ち味で、そのためには
豆腐の水気を絞りすぎないこと、
仕上げに溶き卵を加えることがポイント。
いつ食べても懐かしい、ほっとする味です。

材料4人分
(口径21cmの行平鍋を使用)

- 木綿豆腐……$1\frac{1}{2}$丁
- にんじん……80g
- ごぼう……60g
- こんにゃく……$\frac{1}{3}$枚
- 木くらげ(もどしたもの)……少々
- 淡口しょうゆ……大さじ3
- 砂糖……大さじ$2\frac{1}{2}$
- 酒……大さじ1
- 卵……1個
- 絹さや……6枚
- ●サラダ油

下ごしらえ

1 にんじんは皮をむいて4cm長さのせん切りにし、ごぼうは皮をこそげて洗い、同様のせん切りにして水にさらす。

2 こんにゃくは小さい拍子木形に切り、熱湯でゆでる。もどした木くらげは熱湯にくぐらせてからせん切りにする。

3 豆腐は大きめのやっこに切り、熱湯で軽くゆで、さらしのふきんに包んで軽く水気を絞りながら粗めにほぐす。

1

炒めた野菜に豆腐を加える。豆腐は粗めがよい

鍋に油大さじ２を熱し、水気をきったごぼう、にんじん、こんにゃく、木くらげを入れて強火でよく炒め、粗くくずした豆腐を加えて炒め合わせる。

2

淡口しょうゆを回しかけて豆腐にむらなく混ぜる

砂糖と酒を加えて炒め合わせ、淡口しょうゆを全体に回しかけて豆腐にむらなく混ぜ込む。

3

溶き卵を加えるとしっとりとした仕上がりになる

卵を溶きほぐし、全体に回しかける。卵を加えることでしっとりした味わいになる。

4

豆腐を練らないよう菜箸４～５本を使ってホロホロにいる

木じゃくしでは豆腐を練ってしまうので、菜箸４～５本で手早くいり混ぜ、ほろほろに煮上げる。火加減は中火から強火。弱火で時間をかけると水っぽくなる。仕上げにゆでて細切りにした絹さやを加えてざっと混ぜる。

飛竜頭《ひりょうず》の煮もの

自家製の飛竜頭をぜひ一度お試しください。
少々手間はかかりますが、おいしさに感激するはず。
皮は香ばしく、中はフワフワしっとり。
さらにこれを薄味で煮てみましょう。
むずかしいコツはありませんので、やさしい薄味に。

材料5人分
（口径21㎝の行平鍋を使用）

飛竜頭（5個分）
- 木綿豆腐……1丁（400g）
- 大和芋……40g
- にんじん……20g
- 木くらげ（もどしたもの）……少々
- ぎんなん……5個
- ゆり根……（小）1個

煮汁
- だし汁……1½カップ
- 砂糖……大さじ1
- 淡口しょうゆ……大さじ1⅔
- 酒・みりん……各大さじ1

水菜……½わ

● 柚子

● 塩、揚げ油

飛竜頭の作り方

1 にんじんは皮をむいて4㎝長さのせん切りにし、さっとゆでてとり出す。あいた湯に木くらげをくぐらせ、せん切りにする。ぎんなんは殻を割り、塩ひとつまみを加えた熱湯でゆで、甘皮をむく。ゆり根は1片ずつはがして水からゆでる。

2 豆腐はさらしのふきんに包んでまな板にのせ、斜めにして水気をきる。

3 すり鉢に豆腐とすりおろした大和芋を入れてすり、にんじんと木くらげを加えて木じゃくしであえる。

4 手に油をつけて3の⅕量をとり、ぎんなん1個とゆり根2～3片を中心に入れて丸め、120℃の揚げ油に入れていく。5個入れ終わり、表面に浮いてきたら油の温度を180℃に上げ、薄いきつね色になるまで揚げる。

煮方と極意

だし汁は少なめにし、煮汁に流れた飛竜頭のうまさも残さず味わう
鍋に煮汁のだし汁と飛竜頭を入れて中火にかける。だし汁は飛竜頭が少し出すくらいの少なめでよい。

飛竜頭と水菜を盛り合わせ、
煮汁をはり、柚子の皮のせん切りを
天盛りにする。

飛竜頭の色を生かしたいから淡口しょうゆで調味

ひと煮立ちしたら砂糖を入れて4～5分煮、次に淡口しょうゆ、酒、みりんを加え、味が含むまで約5分煮る。落としぶたはしない。

水菜はシャキシャキ感を残すよう、さっと煮るだけに

火を止める直前に、4㎝長さに切った水菜を加え、歯ごたえを残すようにさっと火を通す。

卯の花のいり煮

「おからとあずきは焦がしたらおしまい」、といわれるように焦がしてしまったら、修正のしようがないのです。そこで、焦がさず、しっとり煮上げる極意を披露しましょう。おからを加えるときは、鍋をいったん火からおろすこと、大きくゆったり混ぜること。簡単なことですが成功のポイント。

材料4人分（口径21cmの行平鍋を使用）

おから……200g
にんじん……70g
長ねぎ（細いもの）……1本
こんにゃく……$\frac{1}{4}$枚
油揚げ……1枚
煮汁
- だし汁……$1\frac{1}{2}$カップ
- 砂糖……大さじ$3\frac{2}{3}$
- しょうゆ……大さじ$3\frac{1}{3}$

●ごま油

下ごしらえ

1 にんじんは皮をむいて4cm長さのせん切りにし、長ねぎは1cm幅の小口切りにする。

2 こんにゃくは5mm角の棒状に切り、熱湯でゆでておく。油揚げは熱湯をかけて油抜きをし、縦2つに切って重ね、小口からせん切りにする。

おから
豆腐を作るときにできる副産物で、豆乳をこし取った絞りかすのこと。かすといっても栄養価は高く、カルシウムや食物繊維が豊富。日持ちがしないので、その日のうちに使いきる。卯の花、雪花菜（きらず）などともいう。

煮方と極意

1

おからは焦げつきやすい。野菜と炒め合わせるときは、火からおろして混ぜる

鍋にごま油大さじ$1\frac{1}{2}$を熱し、ねぎとこんにゃく、にんじんと油揚げの順に炒める。ここで鍋を火からおろし、おからを加えて木じゃくしで混ぜる。

2

おからの正しい炒め方はゆったり手を動かすこと

鍋を中火にかけ、鍋底から返すように全体を炒め合わせる。煮汁のだし汁を加えてざっと混ぜ、砂糖、しょうゆで調味し、木じゃくしを大きく動かしながらいり煮にする。汁気が引いて、一文字が書けるぐらいの固さになったら火を止める。

いつでも旬

豆腐や加工品の煮もの

高野豆腐の含め煮

高野豆腐の基本的な煮方です。キシキシして上手にいかないという方は芯までふっくらもどしているでしょうか。高野豆腐はもどし方が味の決めて。ほぼ2倍の大きさまでもどります。煮汁はすぐに含むので5分煮るだけです。

材料4人分
(口径21cmの行平鍋を使用)

高野豆腐……3個
絹さや……50g
煮汁
- だし汁……2カップ
- 砂糖……大さじ5
- 塩……小さじ1/3
- 淡口しょうゆ……大さじ1
- 酒……大さじ1

● 木の芽
● 塩

高野豆腐
「凍り豆腐」「しみ豆腐」とも呼ばれ、元来は凍らせた豆腐を寒風で乾燥させたもの。現在は工場生産が主流で、重曹で処理されているため、簡単にもどすことができる。ただし、もどす湯の温度は商品の表示を確認するほうがよい。

下ごしらえ

1 高野豆腐はまな板にのせて包丁で横2つに割り、ボウルに入れてたっぷりの湯をかけ、浮かないよう落としぶたをして1分おく。裏返して再び落としぶたをし、2~3分おく。

2 ふっくらもどったら水にとり、両手で水気を押し絞り、別の水に移す。これを2~3回くり返す。もどしたものをさらに横2つに切る。

3 絹さやは背側の筋を取り、塩ひとつまみを加えた熱湯で色よくゆで、冷水にとって水気をきり、縦せん切りにする。

高野豆腐と絹さやを盛り、木の芽を天盛りにする。

煮方と極意

1 **高野豆腐の扱いはやさしく。水気は両手ではさんで絞る**
鍋に煮汁を合わせて強火にかけ、小煮立ちになったら火を弱め、高野豆腐の水気を押し絞って入れる。もどした高野豆腐はちぎれやすいので扱いに注意する。

2 **煮汁はヒタヒタ程度。落としぶたをして煮汁を全体に回す**
ぬらした落としぶたをして弱火で5分ほど煮て味を含ませる。絹さやを加えて火を止める。

いつでも旬
乾物の煮もの

身欠きにしんのうま煮

身欠きにしんには、生のにしんとは別の味わいがあり、特有のうまみがあります。
本干しの固いにしんは、米のとぎ汁に一晩つけてもどす必要がありますが、生干しならその手間がいりません。
番茶でゆでてアクを抜くだけ。砂糖をきかせて煮上げます。

材料4人分
（口径21㎝の行平鍋を使用）
身欠きにしん（生干し）……4本
水だし
- 水……3カップ
- だし昆布……10㎝

- 砂糖……大さじ5
- しょうゆ……大さじ3
- みりん……大さじ2
- 酒……大さじ1

●木の芽
●番茶の葉

身欠きにしん（生干し）
にしんの乾燥加工品。本来は背身だけを干したものだが、最近は腹側もついた片身ごとのものが多い。完全に乾燥させた本干しと、乾燥期間の短い生干しがある。一般には生干しが手に入りやすい。

下ごしらえ

1 水だしを作る。分量の水にだし昆布を入れて30分浸し、昆布を引き上げる。

2 身欠きにしんは頭と尾を落として2等分に切り、腹骨を包丁ですき取り、背ビレがついているものは切り取る。

3 3カップの湯に番茶の葉大さじ1を加え、少し煮出してから2を入れて3～4分ゆで、にしんのアクを抜く。水にとってよくすすぎ、ウロコや番茶を洗い流す。

身欠きにしんを盛り、木の芽を天盛りにする。

1

だし汁はたっぷり必要。身欠きにしんは、時間をかけてゆっくり煮る

鍋に水だしと身欠きにしんを入れて火にかけ、強火で煮始める。煮立ってきたら中火にし、砂糖を加えて約５分煮、甘みを含ませてからしょうゆ、みりん、酒を加える。

2

落としぶたをして煮汁の蒸発を防ぎ、煮汁を全体に回す

ぬらした落としぶたをして火を弱め、静かに煮る。鍋の中は落としぶたの周りにプクプクと泡立つくらいの状態がよい。煮汁が少なくなり、濃度が強くなるにつれて火を弱めていく。

3

煮汁がとろりとして、身欠きにしんに照りがつけば完成

コトコト煮ること約30分、煮汁にとろみがつき、にしんにつやが出てきたら火を止める。プクプク煮立った泡で煮汁が多く見えるが、煮汁はほとんどない。

魚の乾物でもう一品

なまりと車麩の煮もの

地味ながら“なまり”の煮ものもおいしいものです。“なまり”は節おろしにしたかつおをゆでたり、蒸したりしてから軽く乾燥させたもの。甘めに味つけした車麩との炊き合わせがおすすめ。

なまり４切れは骨や余分な血合いを除き、塩ひとつまみを加えた熱湯でさっとゆでて霜ふりにする。だし汁２カップ、しょうゆ大さじ５、砂糖大さじ４、みりん大さじ４を合わせて煮立てた中になまりを入れ、落としぶたをして中火で15～16分、こってりと煮る。車麩２個はぬるま湯でもどして４～８つ割りにし、だし汁$2\frac{1}{2}$カップ、砂糖大さじ６、淡口しょうゆ大さじ$1\frac{1}{2}$、しょうゆ大さじ$\frac{1}{2}$、酒大さじ１を合わせた煮汁で７～８分煮含める。なまりと車麩を盛り合わせ、木の芽を添える。

切り干し大根の煮もの

芯までふっくらもどした切り干しを、歯ごたえを残すように、少ない煮汁でいりつけて仕上げる方法です。たっぷりの汁で柔らかめに煮る切り干しとは、ひと味違います。切り干しはもどし方が大切です。長い時間水につけないこと！切り干しの風味や甘みが逃げてしまいます。ザルに上げ、そこで芯まで水分が浸透するのを待ちます。

材料4人分
（口径21cmの行平鍋を使用）

切り干し大根……50g
油揚げ……2枚
煮汁
- だし汁……2/3カップ
- 砂糖……大さじ2
- しょうゆ……大さじ2
- 酒……大さじ1

●ごま油

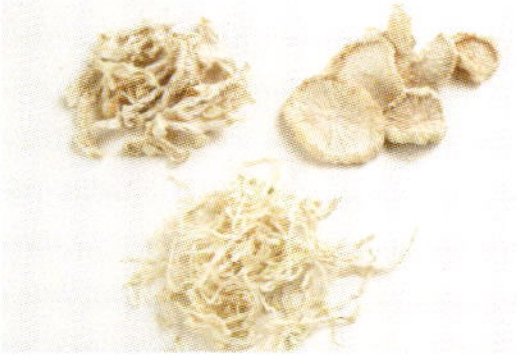

切り干し大根
切った大根を天日で乾燥させたもので、切り方はいろいろある。糸状のせん切り、やや太めのせん切りが一般的だが、輪切りにした花丸切り、縦割りの割り干しなども。色焼けしていない、色の薄いものを選ぶ。

下ごしらえ

1 切り干し大根は水の中でもみ洗いして汚れやほこりを落とし、軽く水気を絞る。これを盆ザルに上げて約5分おき、切り干しの芯まで水分を含ませる。熱湯で1～2分ゆでて水気を絞り、まな板に広げて食べやすい長さに切る。

2 油揚げは熱湯をかけて油抜きをし、縦2つに切り、小口より5㎜幅に切る。

煮方と極意

1

まず、切り干しだけを炒める。炒め油でコクを補うと同時に、油の膜でうまみを逃がさない

鍋にごま油大さじ1をひき、切り干しの水気をもう一度絞って入れ、強火でよく炒める。切り干し全体に油が回ったら、油揚げを加えて炒め合わせる。

2

だし汁は$\frac{2}{3}$カップのみ。いりつけながら煮る方法だから、少なめで充分

煮汁のだし汁を加え、砂糖、しょうゆ、酒で調味し、中火で煮る。だし汁は切り干しの隙間に入ってほとんど見えないくらい。

3

菜箸でほぐしながらいりつける

全体に味がなじむように、菜箸でほぐしながらいりつけていく。火加減は中火。あまりかき混ぜすぎないよう注意する。

4

煮上がりは、底の煮汁で判断。煮汁がにじみ出なければOK

鍋の底を見て、煮汁がにじんでこなくなれば完成。芯はふっくら、しかも切り干しの歯ごたえのあるいり煮が完成する。

いつでも旬
乾物の煮もの

ぜんまいと油揚げの煮びたし

乾物の中でぜんまいほど、品物で差がつくものはありません。もどり具合もさまざまなので、もどしたものを分量の基準にしました。油との相性が抜群なので、味の補いに油揚げを組み合わせましょう。

煮汁とともに盛り、木の芽を天盛りにする。

材料４人分
（口径21cmの行平鍋を使用）

ぜんまい……（もどして）250g
油揚げ……2枚
煮汁
- だし汁……2カップ
- 酒……大さじ2
- 淡口しょうゆ……大さじ$1\frac{1}{2}$
- 塩……小さじ$\frac{1}{2}$
- みりん……大さじ$\frac{1}{2}$
- 砂糖……小さじ2

●木の芽
●ごま油

干しぜんまい
生のまま乾燥させた青乾（あおぼし）と、ゆでてもみながら乾燥させた赤乾（あかぼし）がある。もどし方は、ぬるま湯に一晩つけてもどし、翌日また湯をかえてもどす。熱湯でもどすと溶けてしまう。

下ごしらえ
1 もどしたぜんまいは、根の近くの固い部分を切り、熱湯で2～3分ゆで、水気をきって3cm長さに切る。
2 油揚げは熱湯をかけて油抜きし、縦半分に切って小口から4～5mm幅に切る。

煮方と極意

1

油で炒めてコクをつけ、油揚げでうまみをプラス
鍋にごま油大さじ１を熱してぜんまいを強火で炒め、油が充分に回ったら油揚げを加えて炒め合わせる。

2

ぜんまいは味を濃くしたり、強火で煮ると身がやせる。弱火で静かに煮ること
煮汁のだし汁と調味料を加え、落としぶたをして弱火で５～６分煮る。煮汁につけたまま冷まし、味を充分に含ませる。

山くらげとこんにゃくの煮もの

山くらげは名前に違わず、
海のくらげのようにコリコリした歯ごたえ。
こんにゃく、エリンギなど弾力のある
素材を組み合わせて、食感を楽しみます。
仕上げに酢を落とすとさわやかなおいしさに。

材料4人分
(口径21cmの行平鍋を使用)

- 山くらげ……40g
- こんにゃく……1/4枚
- しめじ……100g
- エリンギ……50g
- にんじん……4cm
- なめこ……50g
- 煮汁
  - だし汁……1/2カップ
  - 砂糖……大さじ3
  - 淡口しょうゆ・みりん……各大さじ2
  - 塩……小さじ1/5
- 酢……大さじ1 1/2
- ●サラダ油

山くらげ
国産品は、山菜の一種「ぎぼうし」の葉柄をゆでて干したもの。山かんぴょう、コリコリした歯ごたえから山くらげと呼ばれる。写真は手に入りやすい中国産で、「茎ちしゃ」の茎を裂いて乾燥させたもの。

下ごしらえ

1 山くらげは1時間水につけてもどし、3cm長さに切る。こんにゃくは5mm幅の短冊切りにし、小口より細く切り、目ザルに入れて熱湯ゆでてアクを抜く。

2 しめじは石づきを切り、1本ずつにほぐす。エリンギも石づきをそぎ切りにし、粗いせん切りにする。にんじんは皮をむき、エリンギと同じ太さのせん切りにする。

3 なめこは流水をかけて余分なぬめりを取る。

煮方と極意

1 **複数の材料を炒めるときは火の通りにくいものから**

鍋にサラダ油大さじ1を熱して山くらげとこんにゃくを入れ、強火でよく炒める。油が充分に回ったら、しめじ、エリンギ、にんじんを加えて炒め合わせる。

2 **仕上げに酢を加えると、山くらげのおいしさが引き立ち、味がしまる**

にんじんに透明感が出てきたら弱火にし、なめこを加え、煮汁のだし汁と調味料を加えて5～6分煮る。山くらげに味がついたら酢を回しかけ、火を止める。

いつでも旬
乾物の煮もの

ひじきの煮もの

おふくろの味の代表的なもの。手軽で栄養価が高く、家庭のおかずとして格好です。調理も簡単でむずかしいコツはありません。ぜんまいや切り干し大根などと同様、油との相性がよいので、油揚げを加えます。ひじきだけで煮るより、ずっとまろやかな味。

材料4人分
（口径21cmの行平鍋を使用）
ひじき……40g
油揚げ……2枚
煮汁
- だし汁……$1\frac{1}{2}$カップ
- 砂糖……大さじ5
- しょうゆ……大さじ$3\frac{1}{2}$
- 酒……大さじ1

下ごしらえ

1 ひじきは水につけてごみやほこりを洗い流し、たっぷりの水に15～20分つけてもどし、水気をきる。

2 鍋に湯を沸かし、ひじきをさっとゆで、ザルに上げて水気をきり、食べやすい長さに切る。

3 油揚げは熱湯をかけて油抜きをし、縦半分に切って小口よりせん切りにする。

ひじき（長ひじき）
市販のひじきは、加熱してから乾燥させたもの。長ひじき（茎ひじき）と芽ひじきなどがある。どちらも色が黒く、光沢のあるものが良質。太さのそろった、よく乾燥したものを選びたい。

だし汁だけで煮て ひじき、油揚げに だしのうまみを含ませる

鍋にひじきと油揚げを入れ、煮汁のだし汁をはって強火にかける。

煮汁が全体に回るよう 必ず落としぶたを

煮立ってきたら砂糖と酒を加え、中火で3～4分煮て甘みを含ませ、しょうゆを加えてひじきに味が含むまで約8～10分煮る。この間、煮汁が全体に回るように必ず落としぶたをする。

落としぶたをはずし、水分を飛ばして火を止める

最後に落としぶたをはずし、箸で静かに混ぜながら、水分を飛ばして仕上げる。かき混ぜすぎると、ひじきがモロモロになり、食感が悪くなるので注意。

椎茸昆布

干し椎茸で作る常備菜

小粒の干し椎茸と、だしをとったあとの昆布で作る、甘辛くこっくり煮含めた佃煮。実山椒も加えて、市販品とはひと味もふた味も違うおいしさ！

小粒の干し椎茸16枚を2カップの水でもどしておき、だしをとったあとの昆布100gは2～3㎝角に切る。鍋に軸を除いた椎茸と昆布を入れ、椎茸のもどし汁と水で2½カップにして加え、酢小さじ1を入れ、落としぶたをし、途中アクを取りながら弱火で約10分煮る。次に砂糖・みりん各大さじ2、しょうゆ大さじ4、たまりじょうゆ大さじ1、実山椒の佃煮大さじ1を入れ、汁気がなくなるまで約30分煮る。

大豆と牛すね肉の煮もの

ゆで大豆に牛すね肉を取り合わせたこっくりしたおいしさ。牛すね肉は下ゆでをして使いますが、ゆでこぼし方が足りないと冷めたときに脂が固まり、味が落ちてしまうので注意が必要です。

材料4人分
(口径21cmの行平鍋を使用)
- 大豆……1カップ
- 牛すね肉……200g
- 酒……大さじ2
- 砂糖……大さじ3
- 淡口しょうゆ……大さじ2
- 塩……少々
- ●重曹

下ごしらえ

1 大豆は洗ってボウルに入れ、重曹小さじ1/2を加えてたっぷりの熱湯をはり、一晩つけておく。翌日、つけ汁ごと大豆を鍋に移し、強火にかける。煮立ったら弱火にし、アクをすくいながら豆が柔らかくなるまで約40分ゆでる。途中、差し水をする。

2 1のゆで汁を捨て、水をかえて5分ほど弱火でゆで、ゆで汁を捨てて重曹気を抜く。

3 牛すね肉は2×3cm角に切り、熱湯で霜ふりにする。鍋に入れ、たっぷりの水を加えて5分ほどゆで、ゆでこぼす。ゆで汁が濁らなくなるまで、これを2～3回くり返し、水を足しながら肉が柔らかくなるまで約40分ゆでる。

煮方と極意

大豆
皮の色から黒豆、青大豆、黄大豆に分けられる。黄大豆が一般的で、中粒以上が料理用として出回る。選ぶときは、粒のそろった表面につやのあるものを。「畑の肉」と呼ばれるほど、たんぱく質、脂質などの栄養価が高い。

砂糖は2回に分けて。一度に入れると豆が固くなる
鍋に下ゆでした大豆とすね肉を入れ、水3カップと分量の酒を加えて中火にかける。煮立ったら半量の砂糖を加えて弱火で約5分煮、残りの砂糖を加えてさらに5分ほど煮る。

豆の皮が破れないよう火加減は弱火。小煮立ちの状態で静かに煮る
次に淡口しょうゆと塩を加え、ぬらした落としぶたをし、汁気が少し残るぐらいに、静かに煮含める。

いつでも旬
乾燥豆の煮もの

白いんげんの甘煮

下ゆでした白いんげんの水気をきり、砂糖だけで作る甘い煮豆です。砂糖は一度に入れず、2回に分けて加えること、また、豆をくずさないよう、だましだまし砂糖を混ぜていくのが、つやよく仕上げるコツです。

材料４人分
（口径21cmの行平鍋を使用）
白いんげん……150g
砂糖……230g
塩……小さじ2/3
● 重曹

下ごしらえ

1 白いんげんは洗ってボウルに入れ、重曹小さじ1/2を加えてたっぷりの熱湯をはり、一晩つけて充分に水を吸わせる。

2 翌日つけ汁ごと鍋に移して中火にかけ、約15分ゆでる。豆の表皮が透き通ってきたら湯を捨てる（渋きり）。新しく水をはり、豆が柔らかくなるまで弱火でゆでる。この間2～3回水をかえて渋きりする。

白いんげん
いんげん豆の中で表皮の白いもの。大粒でやや平たい「大福豆」や白あんに欠かせない「手ぼう」などがある。大福豆は煮豆、きんとんに向く。古くなると固くなるので、新豆が出るまでに使いきる。

煮方と極意

1 **砂糖の半量をまぶす。砂糖は一度に加えると豆が固くなってしまう**

下ゆでした豆の水気をきり、半量の砂糖を加え、菜箸で豆をくずさないように混ぜながら弱火で約５分煮る。砂糖を一度に入れると豆が固くしまり、甘みが充分に入らないので注意する。

2 **豆が煮くずれないよう、木じゃくしで混ぜながら煮含めていく**

残りの砂糖と塩を加え、木じゃくしで豆をくずさないように静かに混ぜながら、つやが出るまで煮る。焦げやすいので充分注意する。

煮ものの下ごしらえ

さらす、ゆでるなど、煮る手前の作業も大切です。少し手間でも下ごしらえをきちんとすることで、おいしく、きれいな煮ものに仕上がります。

面取り

切った野菜の角を包丁で薄くそぐこと。角を立てたまま煮込むと、とがった角が煮くずれしやすく、きれいに仕上がらない。角を少しそぐだけで、煮くずれが防げる。主に、大根、かぶ、冬瓜など長時間煮る必要のある根菜類で使われる手法。

湯止め

ゆでた野菜をゆで汁につけたまま冷ますことをいう。ゆでただけでは出きっていないアクを、さらに余熱で引き出す。冷めたら直ちに水できれいに洗う。

火の通りにくい材料は、だし汁や煮汁で煮る前に、あらかじめ、ゆでたり蒸したりして柔らかくしておく必要がある。材料が持つアクやえぐみ、余分な脂を抜くために、材料ごとにいろいろな工夫がある。

塩を加えてゆでる

ふきや青菜類など、鮮やかな緑色にゆで上げたい場合は塩を使う。ふきは塩をふって板ずりにし、青菜類は湯に塩少々を加えてゆでる。ただし、湯がグラグラ煮立っていることが大事。一度に材料を大量に入れると湯の温度が下がるので、小分けにしてゆでる。ゆでたら直ちに冷水にとり、色止めする。

香味野菜とゆでる

豚バラ肉など脂肪の多い肉は、ねぎの青い葉やにんじんの皮など、香りのよい野菜のくずを入れてゆでる。アクが野菜に吸着してきれいに取れる。

霜ふり

主に魚介類、肉類などを熱湯にくぐらせたり、熱湯をかけたりして表面を白くすること。材料の臭みやぬめりを取る、余分な水分を抜く、脂肪分を除く、身をしめて形を整える、表面のたんぱく質を固めてうまみを逃がさないなど、いろいろな効果がある。

ぶりの霜ふり

ぶりはきれいに洗ったあと薄塩をふり、10分おいて塩がなじんだら、グラグラ沸かした熱湯につける。表面が白く変わったら引き上げる。塩をふる段階から、目ザルに入れて作業をすると手早くできる。

鶏肉の霜ふり

鶏肉は水で洗わない。熱湯に通すことで、表面の汚れや水気を除く。表面を固めてうまみを逃さないようにする。

下ゆで 下蒸し

番茶でゆでる

身欠きにしんや川魚を煮るときは番茶を使う。煮出した番茶でゆでることで、にしんの生臭みや川魚の泥臭さを抜くことができる。本干しの身欠きにしんは30～40分ゆでるが、生干しは3～4分ゆでるだけで効果がある。

米のとぎ汁やぬかでゆでる

大根は米のとぎ汁、または米ひとつかみを加えた水で、たけのこは米ぬかで下ゆでする。濃いとぎ汁などが大根の辛みや苦み成分や、たけのこのえぐみを吸着するため、まろやかな味になる。

重曹水でゆでる

大豆などの乾燥豆をゆでるときは、豆に重曹小さじ$\frac{1}{2}$を入れ、熱湯を注いで一晩浸し、その浸し汁ごと翌日ゆでる。重曹水はおだやかなアルカリ性なので、豆の中に入り込み、肉質や繊維を柔らかくする働きがある。アクが出るので、ていねいに取り除く。

大根おろしで蒸す

豚バラ肉を塊のまま使いたいときに、大根おろしを全面に貼りつけて竹の皮に包んで蒸すとよい。豚肉のうまみは損なわれず、余分な脂は大根おろしに吸収される。大根おろしの酵素は、肉を柔らかくする働きがある。

重曹と焼きみょうばん

重曹は重炭酸ソーダの略で、炭酸水素ナトリウムのこと。野菜のアク抜きや、煮豆を柔らかくする効果のほか、菓子の膨張剤として使う。みょうばんは硫酸アルミニウムの化合物。家庭用には、熱して粉末にした焼きみょうばんが市販されている。根菜のアク抜きや漬けものの色出しに使う。重曹は菓子材料、焼きみょうばんは漬けものコーナーで扱われることが多い。

たけのこのゆで方

たけのこは皮つきのまま穂先を斜めに切り落とし、縦に身の近くまで切り目を入れる（**a**）。大きめの鍋にたけのことかぶるくらいの水を入れ、一握りのぬかと赤唐辛子1～2本を入れ（**b**）、落としぶたをしてゆでる。竹串が軽く通るようになれば火を止め（**c**）、そのまま冷まして湯止めにする。冷めたら真水に取り替えて冷蔵庫で保存する。調理するときに、姫皮を残して皮をむく（**d**）。

煮ものの器――選び方

赤絵平皿
口径22.3cm　高さ3cm
一見、洋皿のように平らに見えるが、内底にゆるやかなカーブ「汁溜まり」がついていて、煮汁のある煮魚などもきれいに納まる。

使いやすい磁器をベースに、春、夏は、さわやかで涼やかな鉢を　秋、冬は、温かみのある土ものを

家庭の器は、盛りやすさや見栄えだけでなく、洗いやすさ、収納など、使い勝手も考慮しなければなりません。その点、扱いやすく、応用範囲の広いのは磁器の皿や鉢です。

磁器は、磁土を原料にして高温で焼かれた吸水性のない器です。煮汁をはることの多い煮ものでは、使ったあとの染みの心配も少なくて気軽です。

白磁や青白磁など、きりりと涼やかな器は、春から夏にかけて出番も多いでしょう。同じ白の器でも、陶器の粉引きなら、柔らかい印象で手触りが温かく、秋から冬に向けておすすめです。ただし、陶器は磁器よりも柔らかい土なので、壊れやすく、よりていねいに扱う必要があります。また、陶器は吸水性がありますから注意してください。ぬるま湯に浸してから使うと、煮汁が素地にストレートに入らず、大きな染みにはなりません。使い終わったあとは、数日乾かして水分を抜きましょう。

日本料理は季節感を大切にします。通年使う煮もの鉢は磁器にし、春や夏にはガラスの涼しげな器、秋や冬にはざっくりした土ものを二、三アクセントに加えるというのはいかがでしょう。

大きさや形は、家族構成と食事のスタイルで選びます。煮もの鉢はまず、「一人盛り」か「一緒盛り」かを使い分けましょう。一般的に鉢は、口径六〜八寸（約18〜24cm）を中鉢、それ以上を大鉢と呼びます。皿は六〜八寸を中皿、それ以上を大皿または尺皿と呼びます。一緒盛りなら七寸くらいの鉢、一人盛り用なら五寸くらいの鉢が使いやすいと思います。形にもよりますが、深鉢などは高さがある分容量が大きく、見た目の印象よりたっぷり入ります。

皿は反対にやや大きめのものを選び、余白を楽しむようにゆったり盛りつけたいものです。洋皿で兼用するという考えもありますが、洋皿はナイフとフォークを使うために内底が平らな場合が多く、煮

染付深鉢
口径21㎝　高さ10㎝
胴の丸みの美しい、ゆったりした丸鉢は、「見込み」といって盛りつける範囲が広く、盛り込みやすい。

塩釉平鉢
口径16㎝　高さ4㎝
素朴な印象だが手触りはやさしく、一人盛りの煮ものの器として使いやすい。

使いやすく飽きのこない器

魚を盛ると、煮汁が広がってしまいます。その点、和皿は、「汁溜まり」といって底にゆるやかなカーブがあり、煮汁の納まりがよく、形よく盛ることができます。

（上から時計回り）青白釉変形鉢　長径19.5㎝短径18㎝高さ8㎝／ふたつき碗　口径12.5㎝高さ7.5㎝／粉引き片口平鉢　口径16㎝高さ6㎝　／白七寸楕円鉢　長径21.6㎝短径5㎝高さ5.5㎝／菊形白磁鉢　口径19.5㎝高さ4㎝
輪花、片口、楕円などの変形の器がひとつあると、食卓に変化がつく。器に趣があり、使いやすい。ふたつきの器は、蒸しものと兼用して使える。

煮ものの器——盛りつけのコツ

和の盛りつけは「向こう高」が基本。大きくしっかりしたものを奥に盛る

変形の青白釉鉢に「若竹煮」を盛る

器の持つ緊張感が、きりっと切り分けたたけのこをシャープに見せる。一緒盛り。

変形の青白釉鉢に「射込みなすとそうめんの煮もの」を盛る

一人盛りでなければ食べにくい料理なので、大ぶりの銘々鉢を使用。涼しげな淡いブルーが夏の料理にぴったり。奥に主材料のなすを盛り、そうめんを手前に流す。

白七寸楕円鉢に「新じゃがの炒め煮」を盛る

土の柔らかさを感じさせる磁器。見込みの部分が大きくくぼんでいるため、汁をきれいにはることができる。「向こう高」の原則通りの盛り方。

白磁中鉢に「新じゃがの炒め煮」を盛る

モダンなフォルムの器にざっくりと混ぜ盛りにする。器の大きさとバランスをとりながら、中高に盛っていく。一緒盛り。

白七寸楕円鉢に「飛竜頭の煮もの」を盛る

同じ器でも、料理が違うと印象が変わる。ふわっと煮上げた飛竜頭を盛ると、器のやさしさが際立つ。

粉引き大鉢に「飛竜頭の煮もの」を盛る

奥に柔らかい飛竜頭を積み重ね、手前に緑の水菜を添え、柚子を天盛りにと基本形。一緒盛り。粉引きの大鉢はゆったりと温かい印象。

家庭の煮ものも、たっぷりとした大きな鉢に盛り込んでみましょう。豊かな感じがします。家族だけの食事なら「混ぜ盛り」「直箸」の普段着のスタイルでもいいのですが、家庭でお客さまをもてなすこともあるでしょう。そんなとき、日本料理の盛りつけの基本形を覚えておくと、心強いものです。

日本料理ではすべて一か所を正面とします。正面から見て、上下左右、全体のバランスを考えるのです。

まずは「向こう高」が基本です。大きくしっかりしたもの、ボリューム感のあるものを奥に盛り、中心となる土台にします。これがうまく納まればあとは順調。手前に取り合わせの副材料や、色どりの野菜などを形よく盛り添えます。形が自由になりやすい青ものなどを右手前に添えて盛りつけのバランスをとりましょう。

私は大学時代に造園学を学びましたが、日本料理の盛りつけは、日本庭園の作庭法とよく似ていると思っています。やはり正面があり「向こうに築山をして、手前に池を配し、草木を植えて……」という作庭法と同じです。

左右のバランスでいえば、左側はやや高く右側はそれに比べて低めです。一般には右から箸が入るので、右を少し低くしたほうが取りやすいという配慮からです。また、見込みの小さい深い鉢に盛るときは、中高につんもりと盛ります。山がくずれたような盛りつけではきりりとしません。

日本料理では、煮ものに天盛りをします。季節の香りを添えるだけでなく、天盛りには「いまこの料理を用意しました。誰も箸をつけていません」というメッセージがあるのです。家庭でも春から夏は木の芽、秋から冬は柚子、料理によっては針しょうが、さらしねぎなどを使いましょう。天盛りをするだけで、いつもの料理が見違えます。

最後に食べ方の作法をひとつ。大鉢に盛られた煮ものを手塩皿にとるとき、天盛りの柚子はどうしますか？　答えは、天盛りを一度はずして鉢の空いているところに置きます（仮置き）。煮ものを適当量とったあと、天盛りを元の位置に戻しておくのが正解。次の方への心遣いが行儀よさにつながり、食事をなごやかにします。

柳原一成　やなぎはら　かずなり

懐石近茶流宗家。

東京・赤坂で「柳原料理教室」を主宰。

1942年、先代宗家柳原敏雄の長男として東京に生まれる。東京農業大学農学部卒業。教室で日本料理を指導するかたわら、全国を訪ね歩き、食材の研究を続ける。野菜、魚介類に造詣が深く、寸暇を惜しんで野菜作りにも精を出す。

著書は『懐石近茶流』（主婦の友社）、『和食四季を楽しむ料理集』『和食指南』（以上NHK出版）、『ちゃんと作れる和食』（マガジンハウス）など多数。

柳原料理教室
電話〇三―三五八二―五九七七
http://www.yanagihara.co.jp

料理制作協力●柳原尚之
柳原料理教室教授陣
企画・編集●井上清子
デザイン●竹盛若菜
撮影●黒部徹
スタイリング●丸山かつよ
校正●上田ますみ
DTP制作●天龍社
プリンティングディレクター●小保方光男（凸版印刷）
十文字義美（凸版印刷）
都甲美博（凸版印刷）

煮方が見える 煮ものの極意

著者●柳原一成
発行者●高橋秀雄
発行所●株式会社高橋書店
〒一一二―〇〇一三
東京都文京区音羽一―二六―一
電話　〇三―三九四三―四五二五（代表）
〇三―三九四三―四五二九（編集）
振替　〇〇一一〇―〇―三五〇六五〇
印刷・製本●凸版印刷株式会社

ISBN-4-471-40019-3 C2077